大教育书系

# 童年的秘密

〔意〕
玛利亚·蒙台梭利

单中惠 译

著

长江出版传媒

长江文艺出版社

图书在版编目（ＣＩＰ）数据

　　童年的秘密 / （意）玛利亚·蒙台梭利著 ； 单中惠
译.-- 武汉 ：长江文艺出版社， 2021.6
　　（大教育书系）
　　ISBN 978-7-5702-1047-3

　　Ⅰ.①童… Ⅱ.①玛… ②单… Ⅲ.①早期教育－教
育理论 Ⅳ.①G610

　　中国版本图书馆 CIP 数据核字(2019)第 092317 号

童年的秘密

TONGNIAN DE MIMI

责任编辑：马　蓓　　　　　　　　　　责任校对：毛　娟
封面设计：白砚川　　　　　　　　　　责任印制：邱　莉　　胡丽平

出版：长江出版传媒　　长江文艺出版社
地址：武汉市雄楚大街 268 号　　　　邮编：430070
发行：长江文艺出版社
http://www.cjlap.com
印刷：武汉珞珈山学苑印刷有限公司

开本：720 毫米×970 毫米　　　1/16　　印张：14　　　　插页：1 页
版次：2021 年 6 月第 1 版　　　　2021 年 6 月第 1 次印刷
字数：162 千字

定价：38.00 元

# 用大众立场看大家作品

——"大教育书系"序言

教育是世界上最特别最奇妙最千变万化的事情。

世界上任何变化，政治的、经济的、社会的、科技的……桩桩件件，都会发生蝴蝶效应，都会对教育产生这样那样的影响。所以，教育总在变化着。比如，计算机的出现，网络教学的流行，未来的课堂教学模式将发生根本的变革。当粉笔距离我们的讲台渐行渐远，未来的纸质书籍的阅读是否也会逐步让位于电子书籍？甚至，翻译机器可以完成基本的交流沟通时，语言教学是否也可能变得不再重要？这些已经发生的、即将发生的、可能发生的改变，让我们的明天变得不可预知。

同时，教育也是最坚韧最牢固最不会变化的事情。

万物改变迅捷，人性进化缓慢，教育因此万变不离其宗。所以，古今中外，人同此心，心同此理，人的身心发展的特点，人的学习与成长的过程，有着普遍规律可循。所以，无论我们读两千多年前的《论语》《学记》，还是读近百年来的杜威、苏霍姆林斯基，总觉得是那么亲切，离我们今天的教育是那么近。所以，我们只需稍稍去芜取精，就能将其中的绝大部分原理再度运用于教育教学实践，就会发现这些原理依然生命常青。也正是这个原因，百年来中外教育家的杰出著作，仍然活在当下，仍然对我们的教育具有重要的作用。

　　长江文艺出版社的这套"大教育书系"，正是围绕后者而努力。

　　最初看到"大教育书系"的选题策划，是在年初的湖北长江出版集团的选题论证会上。坦率地说，当时的感觉不是很好。认为主题不够突出，选择人物看不出逻辑，选择标准不够清晰，而且大部分书是重新出版。

　　后来长江文艺出版社总编尹志勇来信告诉我，其实，"大教育书系"有自己的主题和逻辑。之所以命名为"大教育"，首先是选择教育家的范围之大。书系将遴选从近代到当代的中外教育名家的代表性著作或新作，梳理中外现代教育的发展轨迹，并展示近一个世纪以来的教育所取得的成果。其次是读者群体之大。书系针对不同的读者群，主要有三个方向：一是针对中小学老师的教师培训，阐述现代教育理念，解决教育实践中面临的具体问题，培养优秀教师。二是针对父母的家庭教育，用现代的教育观念和手段影响父母，使父母成为教育体系中的重要且有效的环节，最终培育青少年健康成长与全面发展。三是针对中小学生以及学前儿童的学生教育，帮助学生提高学习效率，学会交往合作，学做现代公民。一句话，是用大众立场看大家作品。

　　至于选择的标准，他们提出了三条原则：一是作者具有足够影响力。所选作者应该是国内外被公认的教育名家，产生过广泛而深远的影响。比如陶行知、陈鹤琴、蒙台梭利等。二是突出实践性。所选作品能够深入浅出，具有可操作性，在作品风格方面，力求通俗化、大众化，做到理论与实践的有机统一。三是强调创新性。在遴选经典的同时，也推出当代在教育理论或实践方面有一定建树、观点新锐、富有探索精神且得到公众认可的作品。

　　所以，虽然我在作这序之时，尚无法看到书系的全貌，也无法估计书系的最终体量，但是能够感觉到出版方用心良苦，感觉到他们的宏大愿景。大浪淘沙，那些真正能够不断被人们捧起的书籍，总是有其强大的生命力的，总能冲破时间与空间的束缚到达我们的手中，抵达我们的心中。倘若教师、父母、孩子三方真正缔结为教育的同盟军，那时教育势必突破困局，得以成长壮大，成为现实生活中的真正大教育了。祝贺大教育书系诞生，更期盼现实大教育的来临。

是为序。

朱永新

# 序：对幼儿之谜的探索

《童年的秘密》（*The Secret of Childhood*）是 20 世纪意大利教育家蒙台梭利（Maria Montessori，1870～1952）的教育代表作之一。该书是 1936 年 7 月第五次国际蒙台梭利协会大会在英国牛津召开之际出版的。在《童年的秘密》一书出版三年后，美国教育学者卡特（Barbara Barclay Carter）于 1939 年把它翻译成英文本，由纽约弗雷德里克·A·斯托克斯公司出版；1983 年，伦敦桑盖姆图书有限公司又出版了卡特的英文本。

蒙台梭利 1870 年 8 月 31 日出生于意大利安科纳省的希亚拉瓦莱镇。1875 年，因父亲工作职位的变动全家迁往罗马。父母对独生女的她并不溺爱，反而规定了严格的纪律。幼年时，蒙台梭利在家里需每天打扫一些地方，并使它们保持整洁。从 6 岁起，她进入公共学校接受教育。在中学毕业前夕，她的父母希望她能够选择意大利妇女的传统职业当教师时，她却转入了一所技术学校就读，表现出独特的性格。

1886 年，蒙台梭利进入高等技术学院学习，她最喜欢的和学得最好的课程是数学。然而，在从高等技术学院毕业前，由于对生物学的浓厚兴趣，她产生了学习医学的想法。尽管家人和朋友反对，但她还是决心学医。1890 年秋，蒙台梭利进入了罗马大学医学院，并于 1896 年毕业，成了意大利教育史上的第一位女医学博士。

　　从罗马大学医学院毕业后，蒙台梭利担任了罗马大学附属精神病诊所的助理医生，同时有一些时间在妇女和儿童医院工作。当她看到那些不幸的白痴儿童时，她不仅表示了极大的同情，而且利用业余时间研究这些儿童的生理和心理疾病。当蒙台梭利把自己的注意力转向教育研究时，她又去罗马大学旁听教育课程（1897～1898），从许多欧洲教育家的著作中吸取了很多思想。1898 年，意大利全国智力缺陷儿童教育联盟成立。1900 年春天，该联盟在罗马开办了一个医学教育机构，训练有志于智力缺陷儿童教育的教师。它还附设了一所实验示范学校，蒙台梭利受聘担任了校长，并在那里工作了两年时间。蒙台梭利后来回忆说："那两年的实践实际上是我的第一个教育学位。"

　　蒙台梭利自己一直想有机会把智力缺陷儿童教育的方法应用于正常儿童。1906 年底，这个机会终于来了。罗马优良建筑协会会长达勒姆（Edouado Talamo）准备在罗马的圣洛伦佐贫民区的公寓里开办学校，蒙台梭利接受了聘请承担该工作。她的朋友建议把这所学校命名为"儿童之家"（Casa dei Bambini），意为"公寓中的学校"，带有"家庭"的含义。1907 年 1 月 6 日，第一所"儿童之家"在圣洛伦佐大街 58 号公寓里正式成立。它招收了五十多名 3～6 岁的儿童，聘请了一位年轻妇女负责照管。蒙台梭利后来回忆说："我感到一项伟大的工作即将开始，并且它会获得成功。"

　　由此，蒙台梭利开始进行系统的教育实验，设计了一套教材和教具，提出了一系列的方法，创立了闻名于世界的蒙台梭利教育体系。在蒙台梭利的努力下，"儿童之家"的教育实验是非常成功的，那些儿童的心智发生了很大的变化。可以说。这段时期在蒙台梭利的生涯中成了一个里程碑。越来越多的访问者来参观第一所"儿童之家"。接着，在罗马和米兰又相继成立了一些"儿童之家"。很多人希望蒙台梭利把"儿童之家"的实践和原理写下来。于是，她写成了《蒙台梭利方法》（原名为《应用于儿童之家幼儿教育的科学教育方法》），并于 1909 年出版，在世界上开始产生了重要的影响。

此后，为了进一步传播自己的教育体系，蒙台梭利还在美国、英国、法国、荷兰、西班牙、奥地利、锡兰（今斯里兰卡）、巴基斯坦和印度等国开设国际训练课程。尤其是 1919～1937 年在英国伦敦开设的国际训练课程，每期 6 个月，培养了很多的蒙台梭利学校教师。1929 年，国际蒙台梭利协会（Association Montessori International）在荷兰成立，并在一些国家成立了分会，蒙台梭利亲自担任了协会主席。这个协会对蒙台梭利教育理论和方法在世界范围的传播起了很大的促进作用。

在从事幼儿教育实践的同时，蒙台梭利还致力于教育理论著述。主要著作除了《蒙台梭利方法》外，还有《蒙台梭利教育手册》（1914）、《童年的秘密》（1936）、《为了一个新世界的教育》（1946）、《童年的教育》（1949）、《有吸收力的心理》（1949）等。

晚年，蒙台梭利曾先后在西班牙的巴塞罗那和荷兰的阿姆斯特丹居住。她曾被提名为"诺贝尔和平奖"的候选人，也被苏格兰教育研究院授予荣誉院士称号（1946 年）、荷兰阿姆斯特丹大学授予名誉博士称号（1950 年）。1952 年 5 月 6 日，蒙台梭利在荷兰的诺德魏克去世。

在蒙台梭利教育体系中，她对幼儿发展、幼儿教育环境、幼儿教育原则、幼儿教育内容和幼儿教师等方面进行了论述。

在幼儿发展上，蒙台梭利从发展的观点出发，强调儿童是一个发育着的机体和发展着的心灵，儿童时期是人的一生中最重要的发展时期。在幼儿的连续发展的过程中，主要是内部的自然发展，包括生理和心理两个方面的发展，即"实体化"。儿童的天赋本能既能使人更新，又能完善人的环境。一个人在童年时期所获取和吸收的一切会一直保持下去，甚至影响其一生。同时，在幼儿的发展中会出现各种"敏感期"，使他用一种特有的强烈程度去感受和接触外部世界，并奠定人的智力发展的基础。其中包括：秩序敏感期、细节敏感期、行走敏感期、手的敏感期、语言敏感期。但是，如果幼儿处在一个有敌意的和不相容的环境，再加上成人的盲目压抑和干涉，那就会在不知不觉的情况下出现各种心理畸变现象，即处于心理紊乱状态。

在幼儿教育环境上，蒙台梭利提出，对于幼儿的生理和心理发展来说，准备一个适宜的环境是十分重要的。这种适宜的环境实际上为幼儿开拓了一条自然的生活道路。具体来说，这种环境应该是一个自由发展的环境，尽可能减少障碍物，适应幼儿内在发展的需要，使他们能得到自然的发展，并展现他们的内在秘密；应该是一个有秩序的环境，使幼儿能安静有序地生活，有规律地生活，减少他们生命的浪费，以便不断地完善和发展自己的生理和心理；应该是一个生气勃勃的环境，使幼儿能充满生气和毫不疲倦地工作，精神饱满地自由活动，并不断地完善自己的各种活动；应该是一个愉快的环境，为幼儿设置的所有东西都是适合于他们的年龄特点和身体发育，并具有很大的吸引力。当然，蒙台梭利也提出，在这种环境中，幼儿必须在自由的基础上培养纪律性。

在幼儿教育原则上，蒙台梭利提出，在幼儿教育过程中要注意两个原则：一是"自由选择"。允许幼儿自由选择教具和工作，以满足他们内心的需要。幼儿的内在冲动会通过他们的自由活动表现出来，并根据自己的心理需要和倾向自由地选择物体，根据自己的爱好选择各种活动。二是"重复练习"。允许幼儿进行重复的练习，以满足他们发展的需要。这是儿童正常化的过程，不仅使他们得到心理上的满足，而且使他们获得了独立的能力。正是在重复练习中，儿童发现了自己的潜力，并进一步完善自己。

在幼儿教育内容上，蒙台梭利提出了肌肉训练、感官训练、实际生活练习和初步知识教育四个面。第一，肌肉训练。对幼儿身体的正常发展来说，肌肉训练是十分重要的，因为幼儿时期是肌肉训练的一个重要时期。

肌肉训练不仅有助于幼儿身体的发育和健康，而且有助于幼儿动作的灵活、协调和正确，锻炼他们的意志，发展他们的合作精神。为了帮助幼儿进行肌肉训练的体操练习，蒙台梭利设计了一些专门的器械和设施，例如，平行木栅、摇椅、球摆、螺旋梯、绳梯、跳板、攀登架等；同时，还设计了有音乐伴奏的走步、跑步和跳跃练习。此外，幼儿可以利用球、铁环、棍棒、豆袋、手推车等进行自由的活动。第二，感官训练。幼儿时期也是感官训练的一个重要时期。在这一时期，必须对幼儿进行系统的多方面的感官训练，使他们通过与外部世界的直接接触来发展敏锐的感觉和观察力。这是幼儿高级的智力活动和智力发展的基础。整个感官训练包括视觉、听觉、嗅觉、味觉和触觉的训练；每种感觉又可以按其性质和形式分别进行训练。其中，触觉训练在感官训练中是最主要的方面。为了帮助幼儿进行感官训练，蒙台梭利设计和制作了许多教具材料，例如，训练触觉的"粗滑板""轻重板"，训练视觉的圆柱体嵌入物、几何形体的嵌板、不同颜色的丝线卷板，训练听觉的音盒、小铃铛串，等等。在感官训练时，每一种教具材料都配合一系列的固定动作，由易到难地有顺序使用。第三，实际生活练习。实际生活练习可以培养幼儿独立生活和适应环境的能力。为了使幼儿进行实际生活练习，应该给他们提供与其身材相适应的小型家具、小桌子、小扶手椅以及小橱等。实际生活练习分成两大类：一类是与儿童自己有关的，主要是自我服务的工作，具体包括：穿脱衣服、扣纽扣和解纽扣、打结、梳头、洗脸、刷牙、洗手、洗手帕、洗衣服、系鞋带、刷鞋等；另一类是与环境有关的，主要是管理家务的工作，具体包括：卷小毯子、扫地、拖地板、擦桌子和椅子、擦门手柄、打扫走廊、摆餐桌、端菜、洗盘子、开关门窗、整理房间等。此外，也可以让幼儿参加户外的园艺活动，例如，刨土、播种、浇水、整理花朵、喂养小动物等；以及专门的手工作业，例如，绘画、泥工等。第四，初步知识教育。在感官训练的基础上，可以对幼儿进行阅读、书写和计算的教育。在学习阅读和书写时，书写的练习先于阅读。在学习计算时，应该利用幼儿在日常生活中接触到的物体。

在幼儿教师上，蒙台梭利提出，教师是幼儿的观察者和引导者，其主要职责是给幼儿准备一个适宜的环境，并引导他们的身体发展和心理活动。同时，教师是心理学家，能真正了解幼儿的内在需要和理解幼儿的内在发展，并不限制幼儿的兴趣和自由活动。由于教师教得少而观察得多，因此蒙台梭利把"教师"改称为"指导者"。教师应该进行一次剧烈的变革，根除潜藏在心中的偏见，尊重和热爱儿童，了解和理解儿童，对儿童采取一种新的态度，和儿童建立一种新的关系。与此同时，蒙台梭利强调教师的专门训练，熟悉心理学的原理和方法，从精神上做好准备，并掌握教育的方法，熟悉教具材料的性质和使用，了解怎样去观察和指导，成为一种适宜的环境的保护人。

《童年的秘密》一书是蒙台梭利对"幼儿之秘"的潜心探索，记录了她在幼儿研究方面所做的很多工作，集中而详尽地阐述了她的儿童教育观。全书除"导言"外，分三个部分，共10章。

在"导言：儿童问题是一个社会问题"中，蒙台梭利主要论述了儿童问题的重要性以及对童年秘密探索的意义。她强调指出："儿童时代已经开始了！随之而来的是，它将对社会产生极大的意义。……事实上，人们对儿童产生兴趣就是预示着一个新的时代的到来。""儿童并不是一个成人只能从外表观察的陌生人，更确切地说，儿童成了人的一生中重要的一部分，因为他是成人的开始，后来他成了成人。""为儿童的权利所作的不断的和真诚的努力，将使我们能够发现人类的秘密，正如科学的调查使我们能够洞察众多自然界的秘密一样。"因此，"更好地面对儿童这样一个社会问题，将帮助我们能够正确地理解人的自然发展的规律，给我们一种新的意识，并使我们的社会生活有一个新的方向。"

"第一部分：童年时期"共4章，包括第一章"今日的儿童"，第二章

"精神的胚胎"，第三章"形成中的心理"，第四章："成人对儿童的障碍"。在这一部分中，蒙台梭利主要论述了三个方面：

一是幼儿的生理发展。幼儿刚诞生时是处于一个明显的孤弱状态，表现为一种令人怜悯的样子，在很长的一段时间里不能自主。但是，幼儿的个体是在不断发展的，并使潜伏着的生命力逐渐呈现出来。这是因为幼儿内含生气勃勃的冲动力，给他一种活力，使他能够生长和发展，进而使他完善。"在某种意义上，儿童就是他自己的创造者。"

二是幼儿的心理发展。"儿童是一个谜。"因此，幼儿的心理发展既有一定的进程，也有隐藏的特点，但是，随着心理的发展，它的秘密会逐渐展现出来。首先，幼儿是一个精神的胚胎。幼儿不仅作为一个肉体的存在，而且更作为一种精神的存在；同时，每个幼儿的精神都不相同，有着各自的创造性精神。特别是，幼儿具有一种下意识的感受能力，积极地从外部世界获取各种印象和文化模式，并有选择地进行吸收，成为他自己心理的一部分，因此，幼儿的心理也可以称为"有吸收力的心理"。其次，幼儿心理发展中会出现"敏感期"。这种"敏感期"是跟幼儿的生长密切相关的，并在幼儿不同的年龄阶段表现出来。在这个时期，幼儿对每样事情都易于学会，对一切都充满了活力和激情。具体有：从出生第一年就出现并一直持续到第二年的"秩序敏感期"、在1岁到2岁时出现的"细节敏感期"、标志着从1岁进入2岁的"行走敏感期"、在1岁半至3岁之间出现的"手的敏感期"以及"语言敏感期"。

三是成人与儿童的冲突。当儿童能够独立行动时，成人与儿童的冲突就开始了。尽管成人充满着爱和牺牲精神，为了儿童已经做了他们能够做的一切，但是，他们往往会无意识地设置儿童心理发展的障碍，压抑了儿童个性的发展，从而导致了成人处于与儿童不断的冲突之中。这种冲突产生的原因主要是：成人没有真正理解儿童，不了解儿童的自然特性；或者成人只注意儿童的身体需要，忽视了他们的心理需要；或者成人以自我为中心，从自己的角度来看待儿童的一切；或者成人自认为是儿童的"救世主"，并在一切方面替代儿童。因此，"人们所面临的最大问题之一，就是他们并没有认识到儿童有一种积极的心理生活。"在儿童的发展过程中，"始终有一个拥有惊人力量的巨人站在儿童旁边，随时准备猛扑过去并把他压垮。"

"第二部分：新教育"共 4 章，包括第一章"教师的任务"，第二章"教育的方法"，第三章"正常化"，第四章"儿童的心理畸变"。在这一部分中，蒙台梭利主要论述了四个方面：

一是为幼儿准备一个适宜的环境。对于正在实体化的幼儿来说，他们需要一个适宜的环境。这种环境能够促进幼儿天赋的发展，有利于幼儿的生长和发展。但是，这种环境必须由理解儿童和了解儿童内在需要的教育者来准备。因此，蒙台梭利教育体系的最根本特征是对环境的强调。

二是幼儿教育的原则。为了促进幼儿的心理发展，他们的教育应该始于诞生时。在幼儿的教育中，必须注意两个原则：一是"重复练习"。这是儿童正常化的过程。二是"自由选择"。这是满足儿童内心需要的过程。

三是幼儿的心理畸变。幼儿如果遇到一个有敌意的环境以及成人的盲目和压抑，那么在他们的心理发展过程中就会出现各种心理畸变现象。具体有：心灵神游（幼儿坐立不安地乱动和毫无目标地漫游）、心理障碍（幼儿不能控制自己的思想或正常发展自己的智力）、依附（幼儿过分依赖于成人）、占有欲（幼儿渴望拥有一件东西并把它藏起来）、权力欲（幼儿利用成人来获得更多的东西）、自卑感（幼儿自认为是隶属所有人的）、害怕（幼儿自己感到恐惧）、说谎（作为一种隐藏幼儿心灵的外套）。在一个幼儿身上，可能会同时出现几种心理畸变想象。而且，心理畸变会影响幼儿的身体功能的发挥。因此，对于心理畸变这样的功能性疾病，必须进行精心的治疗。

四是教育者的任务。教育者应该去了解和理解儿童，并把他们从所有的障碍物中解放出来。为了完成这个最紧迫的任务，教育者必须热爱儿童和帮助儿童，对儿童的困境进行反思，对儿童的发展进行观察，并提供必不可少的指导。由此，教师必须接受专门的训练，掌握科学的教育方法，更重要的是认识到新教育的基本目的就是发现和解放儿童。

"第三部分：儿童与社会"共2章，包括第一章"人的工作"，第二章"儿童的权利与社会的职责"。在这一部分中，蒙台梭利主要论述了三个方面：

一是儿童的内在本能。幼儿具有内在的本能，即潜藏在他们身上的个人能量。正是这种本能的自发冲动，赋予他们积极的生命力和促使他不断地发展。幼儿的内在本能会按照自然的规律发展并展现出来。（1）主导本能。这是幼儿的活动、特性和适应环境的源泉，对处于生命初创时期的婴儿提供指导和保护。（2）工作本能。幼儿能够通过不断地工作来进行创造，使自己得到充分的满足和趋于正常的发展，不仅使人自己更新，而且完善人的环境。这表明工作是人的本性，是人所特有的本能。

二是成人工作与儿童工作的比较。尽管成人的工作和儿童的工作都是人类社会生活所必需的，但它们是两种不同类型的工作。成人工作的目的既是社会性的，又是集体性的，往往会被某些外在的目标所迷离。儿童工作的目的就是工作本身，他们必须依靠自己进行工作，并通过工作得以生长。其要完成的任务就是造就人。成人必须了解儿童工作的性质。否则就会无意识地设置障碍，阻碍儿童心理的发展。因此，成人可以对儿童的工作提供帮助和指导，但决不能代替儿童自己的工作。成人始终应该记住：他曾经是个儿童。

三是社会的职责和父母的使命。儿童在他们的发展过程中，不仅是一个热切的观察者，而且也是一个发现者、工作者和生产者。儿童总是期望一定的权利，例如，独立的权利、活动的权利、探究世界的权利以及工作的权利等；但是，他们往往受到成人的压抑和干涉，就像人间弃儿，处于被流放和被遗忘的状态。总之，儿童的社会权利没有得到承认和维护。因此，社会应该意识到儿童，承认儿童的权利，把儿童从他们所处的危险深渊中解放出来，并建设一个适宜于儿童需要的世界。因为儿童隐藏着未来的命运，儿童生产人类自身。在某种意义上，忽视儿童的权利，阻碍他们的正常发展。这不仅毁灭了儿童，而且实际上毁灭了社会本身。父母应该意识到他们的崇高使命，即他们掌握着人类的未来，不仅应该关注儿童身体发展的需要，而且更应该关注儿童心理发展的需要。

蒙台梭利是 20 世纪最伟大的科学的和进步的教育家之一。探索和发现童年的秘密，是她毕生所追求的理想。蒙台梭利以一种顽强的意志、坚定的信念和巨大的热情进行"儿童之家"的教育实验，努力探索和解答"幼儿之谜"。可以说，《童年的秘密》就是她探索和解答"幼儿之谜"的一本代表作。在这本著作中，蒙台梭利对 6 岁以下儿童的生理和心理发展及特点进行了探讨，列举了许多富有启发性的例子，对幼儿心理畸变的现象以及成人与儿童的冲突做了分析，并对教育的原则及教师和父母的职责做了论述。所以，当她 1949 年春结束在巴基斯坦的访问和演讲时，人们在送给她一只大蛋糕上面用奶油裱成一本书的形状，写着"感谢您发现了童年的秘密"。美国国际蒙台梭利协会教育委员会主席斯蒂芬森（Margaret E. Stephenson）曾这样指出："儿童是永恒的。在每个时代里都有儿童的存在，并将不断地诞生直至世界末日。而且，没有史前时代的儿童、中世纪的儿童、维多利亚时代的儿童和现代的儿童之分。事实上，只有所有时代和所有种族的儿童。他们是传统的继承者、历史的承受者、文化的融合者以及通向和平之路的使者。……如果我们将刚出生的儿童和 3 岁儿童进行比较的话，就会发现他们之间有着那么巨大的差异，已经发生了那么剧烈的变化。这种剧烈的变化就是'童年的秘密'。蒙台梭利博士所做的，就是要证实在幼儿身上存在着这种变化的力量，而这一点似乎尚未被人们所认识。她毕生追求的，就是帮助儿童发展，并使儿童的个体潜能最充分地得以实现。"

当瑞典教育家爱伦·凯（Ellen Key）提出"20世纪是儿童的世纪"之后，蒙台梭利因为她的幼儿教育实践和理论而被誉为"儿童世纪的代表"。在蒙台梭利的幼儿教育著作中，《童年的秘密》一书是被人们广泛阅读的一本著作，因为它确实能对那些想去探索幼儿之谜的人提供一些指导和帮助。为了使自己的论述更为生动有趣、通俗易懂，蒙台梭利在书中约引述了58个例子。其中，既有她本人亲历的例子，也有他人的例子；既有意大利的例子，也有他国的例子；既有现在的例子，也有过去例子。难怪英国著名的蒙台梭利传记作家斯坦丁（E. M. Standing）1957年在他著的《玛丽亚·蒙台梭利：她的生平与工作》一书中，会这样指出："每一个希望理解蒙台梭利教育方法的起源和教育方法本身的人，都不能不读蒙台梭利在《童年的秘密》中进行的生动而深刻的论述。"

可以相信，从《童年的秘密》这本书的许多具体事例和理论阐述中，所有的教师和父母都会得到一些深刻的启迪。更值得注意的是，蒙台梭利在书中所列举的许多例子，可以在我们身旁的孩子中看到，似乎它们就发生在今天，其确实是发人深省的。

　　　　　　　　　　　　　　　　　　　　　　单中惠

# 导言：儿童问题是一个社会问题

近年来，出现了一个维护儿童权利的社会运动，儿童问题已引起了社会的极大关注。但这个社会运动是自发产生的，既没有发起者，也没有指导者。它本身就像一座火山，一旦爆发，岩浆将会向四面八方喷发出来。

科学的发展对这个社会运动起了极大的推动作用，因为卫生学使儿童的死亡率大大降低；而且，人们也已经意识到，儿童在学校里是那些枯燥乏味作业的受害者，被搞得筋疲力尽。对儿童健康所做的一些调查表明，他们的童年生活并不愉快，心智疲乏、弯腰曲背、胸腔萎缩，当儿童离开学校时，他已不再像一个儿童。这是非常不幸的。

现在，人们经过了几十年的研究，终于渐渐地认识到儿童的生活是被扭曲了。究其根源，无非就是生他养他的父母和他们周围的成人环境所造成的。对于那些更关心自己工作的成人来说，儿童永远是一个制造麻烦的根源。在现代大城市里，众多的家庭拥挤在狭窄的住房内，儿童在家中也就根本谈不上有什么活动的地方了。在挤满汽车的马路上，或在人们匆匆赶路的人行道上，同样也没有儿童活动的场地。成人都忙于自己的工作，没有时间来照管自己的孩子。在一般情况下，父母都必须工作，不然他们的子女将会遭到更大的不幸。即使儿童生活在比较幸运的家庭中，他们也被限制在自己的房间里，由陌生的人来照顾。他们不可以进入父母的房间，没有一个地方可以使他们感到自己已经被理解了，而且可以做他们自己想做的事情。他们必须保持安静，不能碰任何东西，因为没有一样东西是他们自己的。所有的东西都是成人的财产，对儿童来讲，它们都是禁物，都是神圣不可侵犯的。幼儿甚至没有自己的小椅子。那么，儿童有什么呢？一无所有。

当儿童坐在地板上或椅子上的时候，他就会遭到成人的责备。有些成人会把他拎起来，放在自己的膝盖上。这就是生活在成人环境中的儿童。儿童像乞丐一样希望得到一些东西，但却并不能得到它；当儿童进入某个房间时，他立即就会被驱赶出去，就像被剥夺公民权一样在家庭中被剥夺了应有的权利。实际上，儿童已经被放逐到了社会的边缘，可以遭到任何成人的责备、蔑视和惩罚，这好像是上帝给成人的特殊权力。

由于某种心理障碍，成人并不关心怎样为儿童准备一个适宜的环境。虽然成人为他们自己制定了一系列法律，但却没有专门为他们的儿女制定一些法律，其结果使他们的儿女被排斥在法律之外。甚至可以这样说，社会是有负于儿童的。儿童虽然成为父母发泄的牺牲品，但儿童却带着新的活力进入了这个世界，这种活力不仅能纠正前辈的错误，而且能给世界带来新的气息。

自漫长的几个世纪以来，也可以说从人类产生起，一直对儿童的需要和他们的命运麻木不仁的人们，近年来开始越来越多地关注起儿童来。这种巨大的进步，应该归功于儿童卫生学。正因为儿童卫生学得到广泛传播的缘故，使得许多婴儿免于在他们生命的第一年里就夭折的厄运。20世纪初，当人们开始真正关心儿童健康时，终于从一个新的角度来看待儿童的生活。一个以宽容和理解为特征的新的教育原则被学校和家庭所采纳，学校已经开始实行现代教育方法。

现在儿童受到了重视，除了科学进步的原因外，还有一个原因是人们认识的提高。在城市里，人们为儿童建造花园，现有的公园和广场也供他们进行游戏活动。还专门开办了儿童剧院，并为他们出版了书籍和杂志。儿童有了适合他们自己需要的户外活动以及适宜的家具。随着社会意识的提高，人们为儿童做出了各种努力，例如，成立童子军或营火少女团的组织，这些组织通过对儿童的训练使他们养成一种自尊感。政治鼓动家也企图拥有儿童，以便使儿童成为他们自己的驯服工具。现在，不管人们愿意不愿意，不管人们是为了儿童自身改善，还是把儿童当作达到某种目的的手段，儿童被看作是社会不可缺少的一部分的观念已在人们的心中深深地扎下了根。父母不再仅仅关心自己的儿女穿着节日般的盛装漫步街头，儿女现在已被看作是他们生活的一部分。因此，我们面对着一个值得重视的问题：儿童是一个社会问题。

正如我们所看到的，儿童地位的提高，并不是通过个人的努力实现的，也不是通过各种团体和组织的协作得来的。那么，这应该归结于什么呢？我们应该看到这样一个事实，那就是儿童时代已经开始了！随之而来的是，它将对社会产生极大的意义。

我们必须认识到这个新的时代对社会、对国家以及对整个人类的重要性。促使人们对儿童产生兴趣的各种自发的运动并没有任何的联系，这表明它不是某个因素的产物，而应该认为它是一种自然潮流的产物。事实上，人们对儿童产生兴趣就是预示了一个新的时代的到来。在那个已经逝去的年代里，成人只忙于为自己创造一个舒适和安逸的生活环境，而丝毫没有考虑到儿童的生存环境。现在，我们发现自己正处在一个新时代的转折点，那就是既要为成人工作，又要为儿童工作。因此，我们必须建立一个新的文明社会，提供两种不同的社会环境，一个是为成人的，另一个是为儿童的。

我们所面临的任务，并不是进一步组织已经开始了的社会运动，或者协调各种代表儿童利益的公共和私人团体。因为如果这样的话，成人只能帮助儿童做些表面的事情，而这并不能触及儿童这个社会问题的实质。相反地，希望儿童这样一个社会问题能深深地深入到我们的精神生活中去，并能增强人们的认识，唤起人们的心灵。儿童并不是一个成人只能从外表观察的陌生人，更确切地说，儿童成了人的一生中最重要的一部分，因为他是成人的开始，后来他成了成人。

成人的幸福其实是与他童年时期的生活紧密联系的。我们的错误往往会落到儿童的身上，并给他们带来不可磨灭的痕迹。我们终将会死去，但儿童却要承受因我们的错误而造成的后果。对儿童的任何影响都会影响到人类的发展，因为一个人的个性特征就是在他童年心灵的敏感和秘密时期形成的。为儿童的权利所做的不断的和真诚的努力，将使我们能够发现人类的秘密，正如科学的调查使我们能够洞察众多自然界的秘密一样。

儿童这样一个社会问题也许可以比作一棵破土而出的幼苗，它的新鲜活力极大地吸引着我们。但它的根茎却很深而不易搬动，如果我们能向下挖并去掉泥土，那么，我们就能够看到像迷宫一样向四面八方延伸的根茎了。这些根茎其实就是人们模糊意识的象征。我们必须去掉多年来的沉积物，因为它阻碍成人真正地去理解儿童，阻碍成人直觉地认识儿童的心理。现在，在成人和儿童之间往往存在着一种潜意识的冲突。

成人的鲁莽是令人吃惊的，他们对自己的子女麻木不仁，这已是一种根深蒂固和由来已久的现象。一个热爱儿童但又潜意识伤害他们的成人，将会给儿童留下一种内在的悲哀，这种悲哀其实正是成人自己错误的反映。更好地面对儿童这样一个社会问题，将帮助我们能够正确地理解人的自然发展的规律，给我们一种新的意识，并使我们的社会生活有一个新的方向。

蒙台梭利

# 目 录 | CONTENTS

**第一部分　精神的胚胎** / 001

第一章　今日的儿童 / 003

儿童的世纪 / 003

心理分析 / 004

童年的秘密 / 006

对成人的控告 / 008

第二章　精神的胚胎 / 012

生物学序曲 / 012

新生儿 / 015

天赋本能 / 021

实体化 / 024

第三章　形成中的心理 / 030

敏感期 / 030

心理生活 / 038

外部秩序 / 040

内部定向 / 049

智力发展 / 052

第四章　成人对儿童的阻碍 / 062

爱的冲突 / 062

睡眠 / 064

行走 / 067

手与脑 / 070

有目的的活动 / 073

节奏 / 077

人格的替换 / 079

运动 / 083

爱的智慧 / 086


第二部分　新教育 / 091


第一章　教师的任务 / 093

认识儿童 / 093

精神准备 / 095

第二章　教育的方法 / 101

方法的起源 / 101

第一所"儿童之家" / 103

儿童的表现 / 108

第三章　正常化 / 125

教育原则 / 125

遭受不幸的儿童 / 129

富裕家庭的儿童 / 131

儿童的皈依 / 135

第四章 儿童的心理畸变 / 137

心理畸变的原因 / 137

心理畸变的表现 / 138

心理畸变对身体的影响 / 158


第三部分 儿童与社会 / 163


第一章 人的工作 / 165

儿童与成人的冲突 / 165

两种本能 / 167

两种不同的工作 / 178

两种工作的比较 / 182

活动与儿童的发展 / 185

第二章 儿童的权利与社会的职责 / 189

成人的自我认识 / 189

儿童的权利 / 191

父母的使命 / 197

第一部分

精神的胚胎

# 第一章　今日的儿童

## 儿童的世纪

近年来，在儿童的照管和教育方面所取得如此令人惊奇的进展，部分归功于一种普遍提高的生活，但更多的应该归功于人们对儿童发展和教育的意识的觉醒。从 19 世纪最后十年开始，人们越来越关心儿童的健康；但与此同时，人们也更清楚地看到了儿童个性发展的重要性。今天，研究医学、哲学或社会学的任何一个分支，如果不从研究有关儿童的生活的知识出发，那么，要想取得成果已经是不可能的。例如，对有关儿童生活知识的研究，远比胚胎学对理解生物进化的第一阶段所给予的帮助要重要得多。虽然这些知识取自于儿童的生活，但它对人类所有问题却有着更广泛和更深远的影响。儿童研究不仅把儿童作为一种肉体的存在，更作为一种精神的存在，从而给人类的发展提供一种强有力的刺激。在儿童心灵中，我们也许可以发现人类进步的秘密，也许它还可能引导人类进入一种新的文明。

瑞典诗人和作家爱伦·凯（Elleyn Key）① 甚至预言："20 世纪将是儿

---

① 爱伦·凯（1849～1926），瑞典教育家。

童的世纪。"那些有耐心翻阅历史文献的人们，可以在意大利国王维克托·伊曼纽尔三世（Victor Emmanuel）① 的第一次演说中找到类似的说法。他提到，本世纪开始了一个新时代，并称之为"儿童的世纪"。这个演说发表在 1900 年，恰好是 20 世纪的元年。

这种预言也许最完美地反映了 19 世纪最后十年，科学在人们心中所产生的印象。那时，人们终于认识到，传染病的侵袭所造成的儿童死亡率通常是成人的 10 倍，还认识到，儿童在严酷纪律的学校中是受伤害的。但是，没有一个人能预言，儿童自身隐藏着一种生气勃勃的生命秘密，而且就是这种秘密能够揭开人类心灵的面纱：儿童自身所具有的某种秘密一旦被发现，它就能帮助成人解决他们自己个人的和社会的一些问题。正是这种秘密东西，能够为儿童研究这门新的科学奠定一定的基础，从而能够更大地影响整个人类社会。

## 心理分析

心理分析是能够开拓迄今尚未知晓的研究领域的一门学科。它能使我们深入到潜意识的秘密中去，但它还没有解决实际生活中的紧迫问题。然而，心理分析能帮助我们去理解儿童神秘的生命。

人们可以说，心理分析已经突破了心理学曾经认为不可逾越的意识层，就好像最终通过了古代历史中的海格立斯（Hercules）② 石柱，而这一石柱曾被古希腊船员迷信地看作是世界的终极。

如果心理分析迄今仍未能探测到潜意识这片汪洋大海的话，那么，就很难解释怎样通过儿童的心理分析才能使我们更深入地研究人的问题。众

---

① 伊曼纽尔三世（1869～1947），意大利国王，1900～1946 年在位。
② 海格立斯，古希腊罗马神话中的大力神。

所周知，心理分析最初只是医学的一个分支，是治疗精神病的一种新方法。现在，心理分析确实取得了一个英明的发现：潜意识具有支配人的行动的力量。心理分析通过深入到潜意识并对心理反应进行研究，使得具有重大意义的神秘因素清楚地展现出来，从而帮助人们彻底改变了原先的观念。这种心理分析揭示了一个广阔而又未知的但与个人的命运又紧密相连的世界。但是，心理分析还没有成功地探明这个未知的世界。它未能越过海格立斯石柱，未能冒险进入这浩瀚的汪洋大海。跟古希腊人具有一种相类似的偏见一样，就是把弗洛伊德（S. Freud）① 的理论局限于病理学的研究，而不是正常病例的研究。

在 19 世纪夏尔科（J. Charcot）② 时代，精神病学发现了潜意识。在特殊的严重的精神病病例中，可以看到潜意识的表现，这种表现就像可以看到会向地壳喷发的火山内岩浆的翻腾一样。潜意识和个人意识状态之间冲突的奇妙现象，仅仅被看作是这种现象的征兆。而弗洛伊德更进了一步。他运用精巧的技术，发明了一种深入到潜意识的方法，但他几乎只关心病人的病理状态。有多少正常人会自愿忍受这种痛苦的心理分析测试呢？这种测试也就是对他们的心灵进行一种手术。正是从对精神病的治疗中，弗洛伊德推演出他的心理分析理论。因此，这种新的心理学很大程度上可以认为是在个人治疗病例的基础上建立起来的。但弗洛伊德虽然看到了汪洋大海，却未能去探索它，他只是把它描述成一个多风暴的海峡。这就是为什么弗洛伊德的理论是不完美的，以及为什么他的治疗精神病的技术并不令人完全满意，而且总不能使病痊愈。这就如同作为古代经验积累的社会传统反而会使对弗洛伊德理论的概括产生障碍一样。显然，为了要探索潜意识这一领域，只有临床分析技术和理论推演是不够的，还需要更多的

---

① 弗洛伊德（1856～1939），奥地利心理学家，精神分析学派的创始人。
② 夏尔科（1825～1893），法国医生，现代神经病学的创始人之一。

东西。

## 童年的秘密

对潜意识这个广阔而又未知的领域的探索任务，需要借助于科学的其他分支和其他研究人的起源的方法。当我们试图通过探索儿童心灵对他的环境的反应来解释儿童心灵的发展时，还目睹了儿童心灵陷入黑暗和扭曲的内在斗争的悲剧时，这种探索可能有助于我们从根本上来研究人。

心理分析有一个最惊人的发现，那就是精神病可能起源于婴儿期。从潜意识中所唤起的一些被遗忘的事情表明，儿童是尚未被认识到的痛苦遭遇的牺牲品。这个发现既给人们深刻的印象，又使人们心情不能平静，因为它与人们原先的想法是完全不同的。儿童的纯洁的心理状态所遭受如此的创伤是缓慢而持续的。但人们从来没有认识到，它们是成人精神病的潜在原因。造成儿童纯洁的心理状态遭受创伤的原因，是由一个处于支配地位的成人对儿童的自发活动的压抑而造成的，往往是与对儿童影响最大的成人，即儿童的母亲有关。

我们对心理分析的探究应该分为两个层次。一个是比较肤浅的。它来自个人的天赋本能和他必须适应的环境条件之间的冲突，因为这些环境条件常常与他的基本欲望相冲突。这样的冲突是能够解决的，因为把这些心灵不安宁的潜在原因上升到意识的层次并不困难。另一个必须不断探索的更深的层次，也就是童年记忆的层次。在这一层次上，并不是成人与他所处的社会环境发生冲突，而是儿童与他的母亲，或者更普遍地说，是儿童与成人的冲突。这类冲突至今还很少被心理分析所触及，也就很难被解决。人们也还没有做什么努力去解决这些冲突，因此这些冲突至今还被当作是病因的征兆。

现在，人们已经认识到，在所有疾病的治疗中，不管是身体的，还是心理的，都应该考虑到一个人童年时期所发生的事情。除心理分析外，也需要其他一些方法。那些可以追溯到童年时期的疾病，通常说来是最严重的和最难治愈的。其原因是成人的个性特征在他的早期就已经确定了。虽然身体的疾病已经导致了专门的医学分支的发展，例如，胎儿护理和婴儿卫生等，并使社会更多地注意到儿童的身体健康，但是，对于人们的心理疾病，却没有产生类似的结果。尽管人们现在已经认识到，成人严重的心理障碍以及成人难以适应自己所生活的社会环境而会遇到的困难是起源于童年，人们却没有尝试去解决童年时的那些冲突。

之所以没有这样做，可能是由于心理分析使用的是探究潜意识的方法。这种方法虽然在成人的病例方面取得了惊人的发现，但它并不适合于儿童，事实证明会产生一定的障碍。也就是说，不可能启发一个儿童回忆发生在童年时的某些事情，因为他本身仍然还处于童年状态。所以，在与儿童打交道时，更需要的是观察而不是探究。但这种观察必须从一种心理的角度来进行，目的是为了发现儿童在与成人以及与社会环境相处时所遭受的冲突。很明显，这种方式导致我们背离了心理分析的理论和方法，而进入了一个对社会环境中的儿童进行观察的新领域。这种观察，并不包括探究不健全的心理疾病的这样一个艰难任务，而是要求了解反映在儿童心理生活中的人类生活现实。实际上，人类生活现实也就是包括了从出生时开始的整个人生。

人类心理的探究史还没有谱写出来。也就是说，还没有一个人描述过儿童遇到的障碍，也没有一个人描述过儿童与比他强大的和支配他的但又不理解他的成人的冲突；还没有一个人描述过儿童的尚未被认识到的伤害和他的娇嫩心理所遭受干扰的情况，也没有一个人描述过儿童无法达到自然界希望他达到的目标和一个自卑的人的潜意识的自我发展。

这个复杂的心理分析问题被提了出来，但是并没有得到解决。因为心理分析主要关心的是疾病与对疾病的治疗，所以，它在预防儿童心理问题方面也就没有多少帮助了。同时，对儿童心理的研究能够帮助心理分析，因为这种研究处理的是正常的和一般的情况，将有助于消除心理障碍和预防导致精神病的冲突，而这正是心理分析所关心的。

由此，形成了一个科学地研究儿童的新领域。它与心理分析类似，但又不相同。它所关心的是正常的人而不是病态的人，它力求帮助儿童的心理发展以及关注正常儿童的教育。所以，它的目的在于促进我们对至今尚未知的儿童心理生活的了解，同时唤醒成人关心儿童的意识，并使他们认识到对儿童的错误态度源于他们自己的潜意识。

## 对成人的控告

弗洛伊德使用"压抑"这个词，来描述儿童之所以心理紊乱的那个根深蒂固的原因，其词义本身是不言而喻的。

当一个儿童在发展过程中受到成人压抑时，他就不能发展和成长。但"成人"这个词本身是一个抽象词。实际上，一个儿童在社会中是孤立的；如果一个"成人"影响他，那就是一个具体的成人，一个与他接近的成人。通常，这个人首先是他的母亲，然后是他的父亲，最后是他的老师。

社会赋予成人一个截然不同的角色：委托他们给儿童以教育，并促使其发展。但现在，当探究了人们的心灵深处之后，情况发生了变化，并对过去被当作人类卫士和恩人的那些成人提出了"控告"。可以说，所有的成人，无论母亲、父亲、教师，还是儿童的监护人，都成了被告，对儿童的幸福负有责任的社会也受到了控告。在这令人惊讶的控告中，实际上存在某种富有启示性的东西，它就像上帝的最后审判，神秘和令人敬畏：

"你们对我委托给你们的孩子做了些什么呢?"

对此的第一个反应是抗议和自我辩护:"我们已经尽了最大的努力。我们热爱我们的子女。我们为了他们而牺牲自己。"因此,这两种冲突的概念是互相对立的,一种是有意识的,另一种是来自潜意识的。实际上,这种辩护是人们熟悉的和习惯的,但它对我们来说是毫无兴趣的。我们感兴趣的是这种控告,而不是谁受到控告。被控告者认为,自己照管和教育儿童已经是尽心尽力了。但他发现,自己陷入了一个迷宫般的困境之中。与过去一样,他恍惚地迷路于广阔的森林之中,但没有找到一个出口,因为他不知道迷路的原因,其实他的错误就在于他自己。

所有那些主张维护儿童权利的人,应该敢于对成人提出这种控告,而且应该毫无例外地不断地这样做。于是,这种控告成为一件有趣的事情,因为这种控告谴责的不仅仅是"偶然"的错误,而且是由于"潜意识"而犯的错误。这种错误让人丢脸,因为它毕竟意味着是个人的某种失误。这样的控告使人能够自我认识,从而提高了人的道德境界。的确,每一个真正的进步都来自发现和利用以前尚未发现的东西。

这就是人们对自己错误的态度总是矛盾的原因。每一个人都对犯了有意识的错误感到悲痛,但却被无意识的错误所迷惑。因为正是在这种无意识的错误中包含着一个秘密,它使人超越某个已知的和所期望的目标,最终能使我们提升到更高的水平。这就是为什么中世纪的一个骑士,当他因个人荣誉受到一些侵犯而准备战斗时,他会跪在祭台前谦卑地承认:"我有罪。我首先宣布,这是我个人的过错。"《圣经》给我们提供了这些截然不同态度的有趣例子。例如,为什么在尼尼微,人群聚集在约拿(Jonah)① 的身边?为什么他们所有人,从国王到平民,都渴望加入以约

————————

① 约拿,基督教《圣经·旧约》中的人物,据记载是上帝的仆人。

拿为核心的那群人中去呢？因为约拿告诉这群人，如果他们不改变信仰，尼尼微就会毁灭，他们就将成为罪人。

这确实是一种奇怪的精神现象：人们蜂拥而入地去听自己被人控告。而且，他们还聚在一起赞成控告中所说的话，承认他们自己的错误。实际上，尖刻和持续的控告把埋藏在他们潜意识中的东西带到了意识层。因此，所有的精神发展就是获得意识，呈现过去在意识之外的东西。实际上，正是通过这些不断的发现，文明世界进步了。

如果要用与当今截然不同的态度来对待儿童，如果要把儿童从危及他的心理生活的冲突中解放出来，首先必须进行一次剧烈的变革。在这个变革的基础上，一切也将随之而变，但它将依赖于成人。尽管成人声称为了儿童他已做了他能做的一切，并进一步宣称出于对儿童的爱他已经牺牲了自己，但他承认他确实遇到了一个难以解决的问题。为此，他必须求助于在他的意识和主观认识之外的某些东西。

关于儿童，的确还存在大量未知的东西。儿童心理中某些部分一直是未知的，但又是必须了解的。确实需要去发现儿童，正是这种需要引导我们去探究未知的东西。而且，尽管通过心理学和教育去观察与研究儿童，但仍然有成人并不了解的儿童。因此，我们必须以牺牲的精神和怀着一种激情去探究它，就像那些人远涉重洋和翻山越岭去寻找隐藏的黄金一样。这就是那些企图寻找隐藏在儿童心灵深处的秘密的成人必须做的事情。这就是所有的人，不管是什么国家、民族和社会地位的人都必须共同去做的事情，因为这将意味着产生了对人类道德进步所必不可少的要素。

成人不了解儿童，结果就使成人处于与他们不断的冲突之中。消除冲突的方法，并不是成人应该获得一些新的知识或达到更高的文化水准。对每个成人而言，他们必须找到各人不同的出发点。成人必须发现仍阻碍他自己真正理解儿童的那种无意识的错误。如果不做这种准备，如果没有采取与这种准备相应的态度，他就不可能进一步探究儿童。探究自身的行为并不像想象的那样困难，因为错误，即使它是无意识的，也会引起悲哀和创伤。一提起药物，就使人感到迫切需要用它来解除病痛。一个手指关节脱位的人渴望使之复位，因为他知道只要不复位，这种疼痛就不会消除，他就不能使用他的手去工作。同样地，只要他认识到自己错了，他就会强烈地感到要使自己恢复正常，否则就会使他长期所承受的软弱和痛苦变得不堪忍受。正常秩序一旦建立，所有一切就都会变得容易了。我们只要认识到我们把太多的东西归属于自己了，只要相信我们实际上能够做我们力所能及的事情，那么，我们就会渴望去认识，并且能够认识到儿童的心灵具有与我们自己的心灵截然不同的特点。

这样，在与儿童打交道时，成人就会变得不再是自私自利和以自我为中心了。以往，他们从自己的角度出发看待影响儿童心灵的一切，结果就不能理解儿童。由于这种以自我为中心的观点，成人把儿童看作是"心灵里什么也没有的人"，必须由他们尽力去填塞；把儿童看作是"孤弱的和无活力的人"，成人必须为他们做所有的事情；把儿童看作是"缺乏精神指导的人"，必须不断地给予指导。总之，成人把自己看作是儿童的创造者，并从他们自己与儿童行为的关系的角度来判断儿童好或坏。成人使自己成了儿童善良和邪恶的试金石。成人是一贯正确的，儿童必须根据他的既定标准来塑造。儿童在任何方面偏离了成人的方式就被当作是一种罪恶，成人必然会迅速加以纠正。一个成人如此做法，即使可以确信他对儿童充满着激情和爱以及为儿童的牺牲精神，他也会无意识地"压抑儿童个性的发展"。

# 第二章　精神的胚胎

## 生物学序曲

当德国胚胎学家沃尔夫（K. F. Wolff）[①] 发表有关发现生殖细胞分裂的报告时，他向人们显示了有活力的生命是如何发展和生长的，同时他给我们提供了一个关于精神力量如何趋向一个既定目标的惊人例子。经过实验，他彻底推翻了莱布尼茨（G. W. Leibniz）[②] 和斯帕兰札尼（L. Spallanzi）[③] 等人的生理学观点：一个受精卵细胞已经含有成人的最终形式。这个时期的哲学家认为，受精卵细胞含有一个成比例缩小的人，虽然它并不完美，但当它被置于一个适宜的环境中，这个人最终就会从中生长出来。他们是从对植物种子的观察中得出这个结论的，因为在植物种子的两个子叶间藏有一株有着叶子和根茎的幼小植物。如果把种子埋于土中，它将会生长和成熟起来。他们把这种看法搬用到动物和人身上。

然而，在显微镜发明后，沃尔夫能观察到活的生命究竟是怎样发展

---

[①] 沃尔夫（Kaspar Friedrich Wolff, 1773~1794），德国胚胎学家。

[②] 莱布尼茨（1646~1716），德国自然科学家、哲学家。

[③] 斯帕兰札尼（1729~1799），意大利生理学家。

的。他首先从对鸟的胚胎的观察开始，发现它们起源于单个受精卵细胞。显微镜显示出，这种细胞并不像人们以前所想象的含有成鸟的形式，而是像任何其他的细胞一样，有细胞核、细胞质和外层细胞膜。并且，每一个活的生命，不管是植物还是动物，最终都从这基本的、尚未显示出差别的细胞中产生出来。在显微镜发明之前，从种子中观察到的幼小植物实际上是一个胚胎，它是从果实中原始生殖细胞发展起来的，一旦它埋到土里后就会继续生长。

虽然这个生殖细胞与其他细胞不同，它会按照一个预定的进程，经历一个迅速的分裂过程，但是这个原始细胞本身，丝毫没有这个进程的任何物质证据，尽管在这细胞内含有极小的物体，即决定它的遗传特征的染色体。如果我们观察一个动物胚胎的早期发展，我们就可以看到，这个最初的细胞分裂成 2 个，这两个细胞接着分裂成 4 个，这个过程将一直持续到它们形成了一种中空的球体，称为"桑葚期"。当这个球体继续朝内折叠发展，于是形成了另一个有着双层壁和张口朝外的球体，称为"原肠胚"。经过一个细胞分裂和退化的连续过程，这个胚胎拥有了复杂的器官和肌肉。实际上，并没有任何可看得见的设计方案，这个生殖细胞服从的只是它自身所带有的内在的指令。就像一个忠实的仆人，他内心知道委托他所办理的事，不需要任何书面文件就去贯彻执行了，因为书面文件也可能背离他主人的秘密指令。我们只能从这些不知疲倦的细胞所完成的工作中才能看到这个内在的进程。在这个已完成的工作之外，不存在任何的东西。

所有哺乳类动物的胚胎，当然，人的胚胎也是这样，最早出现的一种器官是一个小囊，它后来发展成心脏。这个心脏以固定的节律搏动，其心搏是他母亲心搏的 2 倍。它为正在形成中的组织提供必要的营养，它搏动，并将继续不断地一直搏动。

胚胎的发展是一个令人惊讶和不可思议的创造，因为它是秘密地和独立地完成的。这些细胞在多种转化中不犯任何错误。有些变成软骨，有些变成神经，有些变成皮肤，它们都有各自的独立功能要发挥。然而，这个创造性的工作一直小心地隐藏着。自然界用无法知晓的材料把生长中的胚胎包裹起来，在适当的时候再把它们打开，最后一个新的生命在世界上诞生了。

但是，这个诞生的生命并不仅仅是一个物质的机体。它像生殖细胞一样，自身也有预定的心理机能。这个新的机体将不仅仅通过各种器官发挥功能。它也具有其他功能，但这不能在单个细胞中，而只能在有生命的机体中才能找到。正如每个受精卵细胞本身包含了整个有机体的进程一样，新诞生的机体不管它可能属于什么物种，自身都有心理本能，这将使它能适应环境。每一个有活力的生命，即使是最低等的昆虫都是如此。蜜蜂具有惊人的本能，使它们能在复杂的环境中生活和工作；但这种本能不能在卵或幼虫中发现，只有成熟的蜜蜂才具有。一只鸟只有在孵化出来之后才会有飞的本能。实际上，当一个新的生命诞生时，它自身包含了神秘的主导本能，这将是它的活动、特征和适应环境的源泉，总之，它对外部环境产生作用。

一个动物所置身的外界环境并不仅仅给它本身提供生存的手段，这种外界环境也为每一种动物所具有的特性提供刺激。也就是说，使它能用它自己的方式为世界保持普遍的协调和守恒做出贡献。每一种动物都有最适宜于它生存的环境，每一物种都有它自己特殊的机体特征，这使它能对自然界的完善做出贡献。一个动物在宇宙中所处的地位从它一出生就能看到。我们知道，这个动物将很安静，因为它是羔羊；另一个动物将很暴烈，因为它是狮崽；这个昆虫将不停地工作，因为它是蚂蚁；另一个昆虫除了孤独地吟唱外别无他事，因为它是蝉。

与低等动物一样，新生儿也有其物种所特有的心理潜能。如果认为人的丰富的心理生活远远高出其他的生物，以致只有人没有心理发展的进程，这种观点显然是荒谬的。与凶残的动物的本能不同，这种动物的本能在自身的行为方式中立即能看出来，而儿童的心理会深深地隐藏着，不立即表现出来。因为儿童并不受在非理性的生物中同样可以发现的那种先天本能的支配，这个事实恰恰表明他有较广泛的行动自由。这种行动自由就要求精心制作每个个体的特定部分，这既是一种个人的和秘密的、同时又是困难的和精心完成的作品。所以，在儿童心理中有着一种难以探究的秘密，随着心理的发展，它会逐渐展现出来。这种隐藏的秘密像生殖细胞在发展中遵循某种模式一样，只能在发展的过程中才能被发现。这就是为什么只有儿童才能成为我们所要揭示的"人的自然模式"。但是由于他的娇嫩，就像所有初生的生命一样，儿童的精神生活需要得到保护，需要被一种适宜的环境所包围，就好比大自然用膜来包裹胚胎体一样。

## 新生儿

"地球上听到了一种颤动的声音，

以前从未听到过，

它来自一个以前从未运动过的喉咙。"

新生儿在出生时没有进入一个自然的环境，却进入一个人类生活的文明化环境。那是一个"超自然"的环境。人们为了使自己有一个更安逸的生存方式，抛弃了自然的环境而建立了一个与之相反的环境。当新生儿从一种生存方式进入另一种生存方式时，他必须做出最大的努力去适应，那么，人们采用什么照管方式来帮助他呢？

出生的巨大转变要求我们科学地对待新生儿，因为一个人在他的一生中，没有一个时期像他在出生时那样经历过如此剧烈的冲突和挣扎，并承受由此而带来的痛苦。这个时期肯定值得认真研究的，但至今人们还尚未对它做过研究。在人类的文明史上应该有这样的记载：文明人并没有帮助新诞生的人。但实际上并没有这样的记载。

相反地，许多人将会说：文明社会是十分关心新生儿的。

但是，它是怎样关心的呢？

当一个儿童刚出生时，所有人关心的却是他的母亲，因为她经受了很大的痛苦。

儿童难道没有受过痛苦吗？

那位母亲需要专门的照顾。

儿童难道不需要专门的照顾吗？

那位母亲因为太疲乏而需要休息，所以，她的房间是安静的，光线是暗淡的。

但是，对于刚刚来自无光亮无声响之处的儿童来说，他也需要安静以及暗淡的光线。新生儿是在一个没有任何袭击、没有丝毫温度变化和绝对安宁的液态环境中长大的，所以他肯定需要好好地休息。

新生儿的疲乏不仅仅来自两个相反的环境之间的悬殊差别；而且也来自他刚刚通过自己的努力而经受的诞生这个使人筋疲力尽的工作。他的身体是受压抑的，就像在监狱中一样，甚至要使他的骨头移位。他来到人间，经受了在绝对的安宁和诞生时难以想象的努力之间的巨大反差。

新生儿像一位来自遥远地方的新移民，疲乏不堪和经受了痛苦。我们为接待他的到来做了些什么呢？

医生仅仅把一种毫无表情的目光投向这个新生儿，看一看他是否活着，仿佛在说："活的，把他放到一旁去，我们现在不必担心他了。"

相反地，父母用一种温情的和兴奋的目光凝视着他，怀着一种自我满足的心情欢迎他的到来。他们为来自大自然的一件礼物而感到无比的欣喜："多乖的孩子！我的儿子！"

所有那些等待着新生儿诞生的人急切地欣赏他，赞美他，抚摸他。父亲看着他的眼睛的颜色，并尝试着去摆弄他的眼睫毛，想到自己的孩子有一天会看到他并认识他，他在注视着婴儿的同时会情不自禁地笑了起来。

但是，没有一个人认为，这个新生儿是受过痛苦的，然而又是纯洁的和不被人所理解的人。

成人怎样看待这个一无所有的人？谁发现他在世界上有一双从未见过光亮的眼睛以及有一副习惯于安静的耳朵？这个小家伙的身体受到大人的"折磨"而直到他们认为没有地方可抚摸才停止吗？

新生儿的娇嫩身体被粗暴地碰到一些粗糙的物体，那些不留意的成人用那双无情的手抚摸他。

事实上，家里几乎没有人敢碰这个新生儿，因为他是那么的娇嫩。他的亲属和他的母亲有点担心地看着他，于是他们在把他托付给一些"有经验的人"照管后也就放心了。没有一个人感到，需要去照管和保护新生儿那幼弱的身体，然而人们在没有触摸他以前就已知道这一点。

人们将会问道："那么，我们应该做些什么呢？难道一些人必须触摸那个婴儿吗？"

然而，那些"有经验的人"自己也从未学过如何照管一个娇嫩的生命。他们只知道用那双强有力的手紧紧地抱住他，而不让他掉下来。人们想，只要那个婴儿诞生后是活着的，也就足够了。他们所希望的一切是为他活着而做的努力不要白费。但是，他们从来没有考虑过如何对待这个娇嫩的人。

医生粗暴地拎起这个新生儿，当他绝望地大哭起来时，所有的人都满意地笑着说："那是他的声音。"并认为，对新生儿来说，第一次啼哭是那样的必要。哭声就是他的语言，他的哭能清洗他的眼睛和扩展他的肺部。

出生以后，这个新生儿立即被穿上衣服。那时，他被紧紧地包裹在襁褓中。在母亲的子宫里一直曲着的幼小身体被拉直了，不得动弹，仿佛上了石膏似的。其实，对一个新生儿来说，衣服并不是必需之物，即使在他的最初一个月里也是如此。以后，随着紧裹的襁褓的消失，代之而起的是轻薄柔软的套衣。

确实，新生儿最好能像绘画中常见的那样裸露着。由于儿童一直生活在母亲体内，他需要保暖，但这种温暖主要应该来自他周围的环境，而不是他的衣服。衣服实际上并不能提供温暖，只能用来保存体内已有的热量防止它散发。如果房间是暖和的，衣服就成了空气的暖热和儿童身体之间的一个障碍物。在动物照管它们幼崽的方式中，我们可以看到这方面的例证。即使这些幼崽可能已覆盖了绒毛或毛皮，它们的母亲仍然像孵化时一样对待它们，用自己的身体温暖着它们。

我们没有必要再继续谈论这种对新生儿的不关心了。我敢断定，如果美国的父母有机会对我讲，他们肯定会告诉我，他们是如何关心自己的新生儿。但德国和英国的父母就会好奇地问我：你是否了解他们在照管儿童方面所取得的进展。在关心新生儿方面的确已取得了进展，正如我从这些国家的亲身经验中所知，但我仍然要说，世界上还没有一个国家能充分地认识到新生儿真正需要什么。

如果进步在于发现以前尚未发现的东西和做曾经被认为是没有必要或甚至不可能的事情，那么，我们必须承认：虽然我们已经为新生儿做了很多事情，但仍有更多的事情要做。在世界上任何地方的人们都应该同情这个新生儿。

这里我要提及另一点：无论我们多么热爱儿童，从他来到我们中间的最初时刻起，我们就本能地提防着他。本能的贪婪使我们赶紧保护自己所拥有的任何东西，即使它并没有任何内在的价值。例如，为了使儿童那小床垫不被弄脏，我们就把一块不透水的床罩放在床垫和他的身体之间。

从儿童出生时起，成人的心理就被这种思想所支配："当心这小孩，别让他弄脏任何东西或惹人讨厌。看住他！提防他！"

我相信，当人们更好地理解儿童之后，他们就会找到较好的照管他们的方法。在奥地利维也纳，也只是最近才开始讨论使新生儿减少伤害的方法。在新生儿出生时，他的小床垫必须是温暖的，而且床垫是用能防水的材料制成的，能尽量快地把脏的东西去除掉。这种迹象就是一个重要的预兆，表明成人的意识已经注意到新生儿了。

但是，对于新生儿的照管不应该仅仅限于避免他死亡或使他不患上传染病，正如当今不少现代医疗诊所里对病人所做的一样，在那里，护士用绷带把他们的伤口扎起来，为了不接触来自他们呼吸中的细菌。实际上，从新生儿诞生那一刻起，就有"儿童的心理健康"问题，要采取一些措施使他们的心理能适应他周围的世界。为了达到这一点，应该在一些医疗诊所里进行实验，同时对一些家庭进行必要的宣传，以便使人们对新生儿的态度有所改变。

在一些富裕家庭里，父母仍然为他们的小孩提供华丽的摇篮，替小孩的衣服装饰考究的花边。这种奢侈表明，我们往往忽视了儿童的心理需要。家庭财富应该给儿童幸福，而不是给儿童一个奢侈的环境。对儿童来说，最好的环境应该是一个听不到街道嘈杂声的、平静和安宁的、光亮和温度能够调节的房间，就如在一些歌剧院里所获得的条件一样。

另一个问题是关于搬动和怀抱这个裸露的新生儿的问题，在用手接触他时应该尽可能地轻一点。应该采用一种轻便的和柔顺的支撑物的方法来抱起这个儿童，例如一个用柔软的材料做成的吊床能承受住他那整个曲在一起的身体，这时的情景就像在胎儿期一样。对儿童的照管，就是对儿童提供一定的帮助。掌握用手搬动和怀抱新生儿的技能，需要仔细的实践。

改变新生儿从垂直到水平的位置要求专门的技能。护士早就认识到，为了抬起一位病人，要平行地和缓慢地以不改变他水平的位置。

新生儿是弱小的。与他的母亲一样，他逃脱了死亡的危险。当我们看到他活下来时，无意识产生的欣喜和满足在一定程度上是一种解脱感，也就是危险已经过去了。其实，这时候他可能需要帮助，有时候他可能窒息，或可能止血机能受损而皮下出血。必须考虑到新生儿是弱小的，但是绝不能把他与患病的成人相混淆。因为新生儿需要的帮助并不是病人需要的帮助，而是一个迫切想使自己在身体上、心理上适应一个新的和陌生的环境的人所需要的帮助。我们对新生儿的态度不应该是一种怜悯，不应该使一个有心理生活的人一直被限制在我们的感知范围之内。我曾经看到一个新生儿被放进一桶水中，差一点被淹死。当他突然下沉时，这个新生儿睁大了眼睛，伸出了小小的手臂和腿，似乎下沉令他大吃一惊。这是他第一次经历恐惧。

我们触摸和搬动新生儿的方式，以及同时在我们身上所产生的那种微妙的感情，使我们想起牧师在祭台前的姿势。在寂静和黑暗之中，只有一丝柔和的光线透过染色玻璃窗，牧师就在这种环境中主持祈祷活动，他的手是纯洁的，他的动作是慎重和经过深思熟虑的。一种希望和崇高的感情洋溢在这个神圣的场所。新生儿就应该生活在这种环境中。

如果我们把对儿童的照料与对母亲的照料进行比较的话，并尽可能地设想像对待儿童一样来对待母亲，那么，这时我们就会发现我们的方法错了。要让母亲保持绝对的安静，为了不打扰她而把她的新生儿抱走，只有在喂奶时才抱回来。给新生儿穿着漂亮的衣服并用花边和丝带打扮起来，这个过程颇使他心神不宁。所有这些，就相当于要母亲在分娩之后立刻起床穿衣去参加一个宴会一样。

人们经常会把新生儿从摇篮抱到肩上，又随意地把他放在母亲身边，并不考虑他的感受，但谁也不会让母亲去遭受这样的劳累。有人还为这种做法辩护，宣称儿童没有真正的苦与乐的意识和体验，因此，认为对新生儿过分小心简直是愚蠢的。而对处于不省人事或危在旦夕的成人过分的照料，我们会怎样想呢？通常认为，他需要的只是身体上帮助，而不是意识到需要充分地关心他的想法和感情。我们对待新生儿的方法同样也是如此，这实在是不应该的。但我们却认为，这也没什么不可以的。

我们不仅对人的生命的第一个时期尚未充分地进行探究，而且我们还没有深刻地认识到它的重要性。正如我们现在所知，儿童在他生命的第一个月中所遭受的痛苦和压抑，将会影响他未来发展的整个进程。但如果我们能在儿童身上发现人的本质，那么，我们也就能在他身上发现种族未来的幸福。

我们对新生儿还没有真正的感情。因为对我们来说，他还没有显示人的特点。当他来到我们之中，我们几乎不知道如何接待他，尽管他自身已有一种力量，能创造一个比我们所生活的世界更完美的世界。

我们在圣约翰（St. John）① 《福音书》的序中所读到的那句话，在某种意义上是适用于新生儿的："他来到这个世界，这个世界是由他组成的，然而这个世界并不了解他。他成了他自己，然而他却不接待他自己。"

## 天赋本能

在劳累的哺乳阶段，作为高等动物的哺乳动物受到照料它们后代的本能的支配。一只普通的家猫给我们提供这种关心的例子：它尽快地把刚生下的小猫"藏"在黑暗的地方。它尽心留意它的后代，甚至不让它们被人

---

① 圣约翰，与西门和彼得一起成为耶稣众门徒的核心。

看到。但隔了一段时间后，当它们变成美丽和富有活力的小猫时，它就让它们出来和跟随着它。

生活在野生环境中的动物对它们的后代甚至表现出更大的关心。它们绝大多数生活在较大的群体里，当雌兽快要生幼崽时，它就离开它的伙伴，去寻找一个单独的隐蔽场所生下幼崽。幼崽生下来后，它让它们与群体分离两三个星期，或者一个月，甚至更长的时间。其时间长短根据物种的不同而异。在这段时间里，母亲是它儿女的奶妈和帮手，把它们藏在一个安静和隐蔽的地方，避免光线和噪声打扰它们。虽然这些幼崽通常天生就有发展得很充分的各种特有的能力，很快就能够站立和行走，但它们的母亲仍精心照管它们，把它们与群体分开，直到它们获得更大的力量，能够使它们自己适应新的环境。到那时，母亲才把它们带到群体中去，于是，它们就能生活在一个与它们有亲属关系的群体里。

无论是马、驺犌（bison）①、野猪，还是狼、老虎，这些高等动物的母性本能基本上是相同的。它们表现出来的照料后代的方式确实令人感动。

一只雌驺犌在它的小崽出生之后，就让它远离群体好几周，同时极其体贴入微地照管它。小驺犌冷了，母亲用前腿拥着它；小驺犌脏了，母亲把它舔干净；小驺犌饿了，母亲用自己的3条腿而不是4条腿站着，以便更方便地喂奶。母亲把它带到群体中之后，继续同样耐心地照管它。我们发现，这在所有雌性的四足哺乳类动物中都是相同的。

有些动物并不满足于寻找一个单独的地方产下它们的后代，同时还千辛万苦地为后代准备一个隐蔽的场所。例如，雌狼会在树林偏僻隐蔽的角落里寻找一个山洞。如果找不到这个隐蔽的场所，她就会在地上掘一个坑

---

① 驺犌，北美的一种野牛。

或者在空心的树干里筑一个洞穴，并从自己胸脯上拔下毛整齐地铺在那里。这不仅给幼崽温暖和保护，而且也能方便地给幼崽喂奶。六七只狼崽刚出生时，在一段时间里它们的眼睛仍紧闭着，耳朵也听不见声音。所有的母狼都会把自己的幼崽藏起来，几乎从不离开它们。

在这个早期阶段，所有动物的母亲都会小心地保护它们的后代，并攻击任何接近其后代的人。但是，家畜的这些母性本能常常会遭到破坏或失去。众所周知，母猪甚至会吞噬掉它自己所生下的一窝小猪，相反地，野母猪却是最温柔和最富于感情的母亲之一。动物园里关在笼中的雌虎和雌狮也会吃掉它的幼崽。这就表明，天赋的保护本能只有在没有人为束缚的环境中才能正常地发展。

哺乳动物的母性本能清楚地表明：当幼崽第一次接触到外界环境时，它们需要特殊的帮助。经过出生的考验，以及随之而来它们的各种能力苏醒之后是一段关键时期，此时幼崽需要与群体分离和休息。在这个时期过去之后，它们仍需要几个月的照管、喂食和保护。

那些动物对刚生下来的后代的照管并不仅仅在其身体需要上。自然早已证明：通过母体的乳奶和温暖，那些主要的物质困难在新的环境中已得到了克服。母亲宁愿在这个隐蔽而孤独的地方等待新的后代的内在天赋能力的苏醒，这种天赋能力将使它成为同一物种的又一个体。这肯定只有在安静和光线暗淡的地方才能发生。在哺乳期，母亲会准备把它弄干净以及慈爱地帮助和训练它回到群体中去。当一头小驹的腿长得较有力时，它学会了识别和跟随它的母亲，其外形也更像一匹马了。这肯定是它的遗传特征显现出来。但母马仍不允许任何人接近它，直到它真正地变成一匹小马。同样地，在真正地成为小猫之前，雌猫也不允许她的幼崽被人仔细察看，除非在它们睁开了眼睛和开始行走之后。

大自然显然关切地注视着动物的发展。当母亲努力激起她后代的潜在本能时，表现出她不仅仅只关心他们的生理需要。同样可以说，除了对新生儿的身体健康给予精心的照料之外，我们也应该注意他的心理需要。

## 实体化

基督教最深奥的秘密之一就是实体化，"圣经化成肉体并留在我们中间"。在每一个儿童诞生的时候，我们也可以发现某种与这种秘密相似的东西，这时一种寓于肉体之中的精神也就出现了。

把新生儿简单地看作是一个器官和组织的混合物，它们构成了一个活生生的有机体。如此复杂的一个生物是怎样产生的呢？

在对待新生儿时应该考虑到他的"心理生活"。如果他一出生就有了这种心理生活，那当他长大以后这种心理生活将变得怎样呢？如果我们把"教育"理解为儿童的心理发展而不是智力发展，那么我们确实可以说，儿童的教育始于诞生时。现在，从意识活动和潜意识活动之间的区别中，我们可以发现儿童从他诞生那个时刻起就有一种真正的心理生活。我们需要促使儿童主动与外部世界的联系，从而去发展他的意识，这种主动关系对成人来说是印象深刻的。我们看到，被关在黑暗处的一个心灵正在努力走向新生以及在一个环境中得到发展，它并不准备争取一个那么宏伟的结果。我们发现自己就在这样一个承担困难任务的心灵面前，但并不知道如何去帮助它，我们甚至可能在阻碍它。

但是，我们必须承认，儿童的天赋本能不仅对他身体的发展和滋养，而且对各种心理功能的发挥都在起作用。这种作用在无理性的动物身上具有物种的特征。就运动而言，儿童要比其他动物发展得慢。儿童诞生时，这种能力几乎没有发展，即使他已经能运用他的器官对光、对触摸、对声音等等有所反应。新生儿比任何其他生物更表现出一副引人怜悯的样子。

他孤弱而不能自助，并且在很长的一段时间里一直如此。他不能说话，不能行走，不断地要人留心。经过很大的努力，他在 6 个月时学会发音，在很长的一段时间里，他唯一能发出的声音就是哭泣或喊叫，让人奔过去帮助他。只是在相当长的一段时间之后，数月、一年、甚至更长的时间之后，他才能站立和走路。他要能够说话就需要更长的时间。对于儿童刚出生后的孤弱状态，哲学家一直很感兴趣，但教师和医生直到现在始终极少感兴趣。

当我们可以把"实体化"这个词理解为存在一种神秘的力量时，它给新生儿孤弱的躯体一种活力，使他能够生长、站立和说话，并使他进一步完善，那么，我们可以把儿童心理和生理的发展说成是一种"实体化"。

认为儿童的肌肉乏力妨碍他站立和坐下，或者认为人没有自然协调运动的能力，那是极大的错误。一个新生儿的肌肉力量无疑是通过其推拉的动作而得到证明的。没有任何事情能比儿童从最初开始就在实现吮吸和吞咽两者之间的困难协调更完美。儿童所处的自然环境胜过那些小动物所处的自然环境。儿童的生理发展和心理发展处于一种协调的关系之中。它们肯定会表现出特征，但不是物种的特征，而是个体的特征。物种的本能也明确地被表现出来，但将强加上某种基本的特征：所有幼小的哺乳类动物在出生后几乎立即就能站立、行走和拥有它们物种自己的语言。我们知道，当每一个小动物充分生长时，有些情况将是相像的。如果是一头幼鹿，它就能轻快和敏捷地行走；如果是一头象，它就缓慢和笨重地行走；如果是一头老虎，它就是凶猛的和有利齿的；如果是一只兔子，它就在嫩绿的田野上从容地觅食。这样的特征是不会改变和混淆的。但是，十分奇怪的是，儿童在相当长的时间里一直是软弱的，而每一个儿童又可以展现其个人的变化，这就构成了一个谜。人能够做任何事情。他的外表孤弱构成了个体的特点。他的发音不清楚的嗓子终有一天将会说话，但我们还不知道他用什么语言。他将说他从周围的人那里模仿来的语言，他经过很大的努力将从语音到音节，最后到单词。他将有意在与他的环境的关系之中发展他自己的所有功能。因此，在某种意义上，儿童就是他自己的创造者。

儿童的运动器官的活力就是个人机能的"实体化"，具有他自己的特征。一般认为，那就如人体是运动器官的复合体。从生理学角度来讲，人体是随意肌的复合体。这正如它们的名称所表明的，它们能由意志来驱动。这个事实最有力地证明，运动是与人的心理生活紧密相连的。但是，没有它的器官和它的工具，意志将是一无所成。

人与动物之间的差别就在于：动物就像成批生产的物品，每一个个体都具有它的物种所特有的特征。相反地，人就像手工制作的物品，每一个人都不相同，每一个人都有自己创造性的精神，这使他成了一件手工艺术品。但是，在任何的结果外显之前，必须完成内在的工作，因此，那不是一件现成的和简单的复制品，而是一种新型的和积极的创造物。当这个物品最终出现时，它使人们感到十分惊叹和不可思议。

甚至任何动物，即使是最低等的昆虫，尽管它具有本能，但由于没有运动器官而不能得到表达方式。人是生命的最高形式，肌肉是那么的众多复杂，以致很多学习解剖学的学生说："要记住所有的肌肉，你至少必须仔细研究 7 遍。"这些各种类型的肌肉一起工作表现出各种复杂的动作。有些是主动的，有些是被动的；有时候它们一起工作，有时候它们相互对抗。一种抑制总是伴随着一种驱动力，并对这种抑制进行纠正。那是真正的交往，许多肌肉一起协调工作，完成最复杂的动作。例如，杂技演员的动作，或能把最细微的动作传递到琴弓上的小提琴演奏家的动作。这些动作和每一次转调都要求无数的肌肉同时行动，就如一支肌肉大军一样，每一块肌肉都发挥作用以达到活动的完美。

即使这种动作的准备并不是全部离开自然，但实际上有一部分，即指明方向和意义的最高级部分是归于个人能力的。这种源于自然的能力是神奇的。我们在谈论人的时候，这是必须考虑的第一个事实。总之，人的一种有活力的心灵肯定会在行动中体现出来，在世界中表现它自己。这是儿童生活的第一个篇章，也是人的第一个任务。

如果个人的实体化就是指儿童的心理发展，那么，儿童肯定具有一种先于生理生活的心理生活，这种心理生活早就存在了，而且没有任何外部迹象会引起人们的注意。在意识开始时表现出来的犹豫和微弱，使感觉处于与它们的环境的关系之中，并立即通过肌肉的运动而尽力表现出来。在个人与他的环境之间存在着一种相互影响，或者说，在精神的胚胎与它的环境之间存在着一种相互影响，正是通过这种相互影响，一个人形成了他自己，完善了他自己。这种原始的和形成的活动可以比作脉冲囊的作用，它在精神的胚胎中表现为心脏，使营养进入胚胎体的各个部分；与此同时，心脏自身吸收来自母亲血管中的养料，这是它维持生存所必需的环境。因此，心理个性自身的形成和发展依赖于这种与外界环境有关的运动原理的作用。儿童努力从他的环境中去吸收东西，通过这样的努力，他的个性得到了很大的发展。这种缓慢的和渐进的活动是一个连续的过程。通过这个过程，人掌握了各种工具。在这个过程中，人的心灵必须继续保持警惕，维持它的力量，不至于由于丧失活力而变得机械呆板。它必须不断地下命令，以便不受本能支配的活动不会因退化而陷入混乱状态。为了防止这种情况，就要求努力增强心灵的活力，使实体化这项无止境的工作不至于终止。因此，正如胚胎变成儿童、儿童又变成成人一样，人的个性也是这样通过自身的努力而形成的。

父母对他们子女的生命有什么贡献呢？事实上，父亲提供了一个看不见的细胞；母亲除了提供另一个细胞外，还为这个受精的卵细胞提供一个生活环境，以便使它能最终发展成为一个小孩。说父母创造了他们的小孩，那是不对的，相反地，我们应该说："儿童是成人之父。"

我们应该把儿童的这种神秘的力量当作某种神圣的东西，并努力去展现，因为正是在这个创造性的时期，个人未来的个性被确定下来了。这就是为什么必须科学地研究儿童的心理需要，以及为什么必须为这种需要准备一个适宜的环境。

人们所面临的最大问题之一，就是他们并没有认识到儿童有一种积极的心理生活。因为儿童当时并不能把它表现出来，而且只有经过一个漫长的时期儿童才能秘密地完善这种心理生活。在这个发展过程中，始终有一个拥有惊人力量的巨人站在儿童旁边，随时准备猛扑过去并把他压垮。如果儿童个性发展的关键在于他自己，如果他的发展有一个过程及其必须服从的规律，那肯定存在着一种神秘的力量。但是，成人不合时宜的干预阻碍这种力量的秘密发挥。当成人这样做的时候，他们声称自己拥有一种几乎神灵般的力量，使他们自己成为儿童的神，并致力于《创世记》里的那句话："我将按我的想象来创造人。"成人这种想替代上帝的念头，正是导致其所有子孙后代痛苦的原因。

儿童是一个谜。没有一个人对儿童的"实体化"做好准备，甚至没有一个人知道什么是"实体化"。事实上，正在实体化的儿童是一个精神的胚胎，他需要自己的特殊环境。正如一个肉体的胚胎需要母亲的子宫并在那里得到发育一样，精神的胚胎也需要在一个充满着爱的温暖和有着丰富营养的环境里得到发展，那里的一切东西都不会伤害它。当成人最终认识到这一点时，他们将会改变自己对儿童的态度。把儿童看作是一个正在实体化的精神生命，这不仅激励着我们，而且还赋予我们新的责任。当我们看着儿童那很像一个玩具的幼小的却富有魅力的身躯，同时倾注着我们对

他的巨大关怀时，我们才开始真正理解古罗马诗人朱维诺尔（Juvenal）①
所说的那句话："应该把最崇高的敬意献给儿童。"

①　朱维诺尔（约 60～140），古罗马诗人、讽刺文学家。

# 第三章 形成中的心理

## 敏感期

在婴儿能运用他的表达手段之前，他的敏感性导致了一种初步的心理结构的产生，但它并没有明显的表现。

使人难以理解的事情是最幼小的婴儿已经有他自己的心理生活。因为在他幼小的身体上确实表现出实体化的现象。我们因而可以设想，人的心理隐藏在婴儿的孤弱无助的身体之中，这种早已有的心理发展尽管是无声无息的，但却是敏感的。

然而，这种观念并不是确切的。同样地，新生儿自身内部早已有了一种完全形成了的语言，但说话的运动器官还不能去表达，而所存在的仅仅是一种构建语言的倾向。这种观念同样适用于他的心理生活的各个方面，例如，语言是外部表现形式。婴儿具有一种创造的能力、一种潜在的能量，因此，能构建一个与他周围环境不同的心理世界。在这个方面，他将面临一些阻碍自己发展的冲突，面临一种保护自己的心理生活的斗争，尽管这种心理生活是无意识的和与实际联系很少的，但一些不可抗拒的结果将被看作为它的工作的最后成就。如果没有一个人帮助他，如果一种环境不准备接纳他，那么，他的心理生活就会处于连续的危险之中。我们可以说，幼儿在世界上是一个迷失方向的人。

在婴儿心理发展的过程中，婴儿完成的一些事情是如此的令人惊讶和不可思议。熟视无睹的习惯使我们成了漠不关心的旁观者。然而，一个儿童是如何从一无所知到使他自己适应于这个复杂的世界的呢？他是如何区分事物，并在没有教师的帮助下而仅仅依靠生活奇迹般地学会一种语言的呢？他天真无邪和十分高兴地生活，丝毫不知疲倦。但成人的情况就不同了，他需要如此多的帮助才能使他自己去适应一个新的环境，他必须努力工作才能学会一种新的语言，甚至他自己从幼年时就说的母语要臻于完善也需要付出很大的努力。

只是在最近，我们才可能问自己：这样的发展依靠什么，一个充满活力的生物是如何发展的。

当我们说到意识的发展时，我们只能说到一种外表上显而易见的事实。只是在最近，我们才逐渐知道它的内部机制。现代科学采用两种方式来了解这种内部机制：一是研究影响身体生长的内分泌腺。这种发现引起了一种直接的和广泛的兴趣，对儿童健康的关注产生了非常实际的影响。另一种是对敏感期的研究。这种研究使我们对儿童心理的发展有了更多的了解。

荷兰科学家德佛里斯（H. De Vries）[①] 在一些动物的生活中发现了敏感期的存在。但是，在我们的学校里，也观察儿童在他们自己家庭里的生活，第一次发现了幼儿的敏感期，并把它运用到教育工作上。

这些敏感期是与一些特殊的敏感性相一致的，这种敏感性可以在生物的发展过程中找到。它们是暂时的现象，目的是为了获得一种明确的特

————————————

① 德佛里斯（1848～1935），荷兰植物学家、遗传学家。

性。这种特性一旦获得后，相关的敏感性也就消失了。因此，每一种特性都是借助一种刺激的帮助而获得的，一种短暂的敏感性只能在一个特定的发展时期中出现，也就是说，在相关的敏感期中持续出现。

因此，发展并不是一些模糊的事情，一种不能改变的内部遗传，而是受一些短暂的本能细心指导的一种工作，从而带来了对一些确定的活动的渴望。但这些活动与同一个人在成人时期所从事的那些活动常常是截然不同的。

在生物学中，德佛里斯第一次研究了这些敏感期。这些敏感期特别是在活的生物通过变形而达到成体状态的过程中出现的，昆虫就是这样的情况。我们可以以蝴蝶的幼虫为例。蝴蝶的幼虫必须吃非常嫩的叶子，此外蝴蝶把它的卵产生在树枝的最隐蔽的角落里，靠近树的树干，那里既安全又隐蔽。当这些幼虫刚钻出外壳时，是什么东西告诉幼虫它们所需要的食物嫩芽可以在树梢上找到呢？是光线！蝴蝶幼虫对光线特别敏感。光线吸引着它，似乎有一种不可阻挡的力量在召唤着它，把它迷住了，这些幼虫沿着树枝蠕动向前爬，而那里正是最亮的地方。在那里，它找到了嫩叶并把它作为滋养的食物。一个惊人的事实是：当蝴蝶幼虫通过了它的第一阶段，长大到能吃其他的食物时，它对光线的敏感性也就失去了。这种情况在科学实验室里得到了证明。在实验室里，既没有树也没有叶子，只有蝴蝶幼虫和光线。在一个用于实验的暗箱里，蝴蝶幼虫会迅速地向任何的一线光亮蠕动，能穿过暗箱的一个孔。在某个时期之后，光线对它完全没有吸引力了，它对光线敏感的本能也就不起什么作用了。蝴蝶幼虫沿着另一条道路发展，寻求另一种生活方式。

同样是这只幼虫，出现了一种相似的灵敏的感受性。它立即从以前是如此贪吃致使植物毁坏而变成一种斋戒的苦行僧。在这严格的斋戒期内，它十分迅速地为自己造了一具石棺并葬身其中，好像已经死去一样。这种工作是紧张的和不可阻挡的。在这个最后阶段，它为自己配备了闪烁光亮的翅膀，不久即从石棺中飞出，最后变成一只美丽的蝴蝶。

人们都知道，蜜蜂的幼虫都要经过这样一个阶段，在这个阶段里，所有的雌幼虫都可能成为蜂皇。但这个蜂群只能选择一只雌幼虫作为蜂皇。工蜂为她准备一种称之为"皇浆"的特殊食品。被喂了这种极好的食物之后，这个雌幼虫就成为这个蜜蜂群体的蜂皇。如果工蜂挑选她时，她已经年岁较大，那就不可能成为一只蜂皇，因为她已经不可能再有贪婪的食欲，她的身体也不可能再发展成一只蜂皇。于是，这个蜂群只能选择另一只雌幼虫作为新的蜂皇。

这些事实可以使我们理解儿童发展问题的关键。实际上，与这些动物最大的不同是：儿童内部具有生气勃勃的冲动力，由此使他表现出惊人的行动。如果儿童失去这些冲动力，那就意味着他将是盲目的和无活力的。但成人并不能从外部对儿童内部冲动力产生影响。

儿童在敏感期里会有一些收获，并使他以一种特别强烈的方式与外部世界发生关系。于是，一切都变成是容易的、热切的和充满活力的，每一次努力都是力量的增加。当这些心理上的激情耗竭时，另一些激情又被激起。儿童以一种持续的生气勃勃的节律，从一种征服到另一种征服，由此构成我们所说的"欢乐"和"天真"。正是通过这种心灵纯洁的火焰，不断地燃烧着而没有浪费，人也开始了创造自己的心理世界的工作。

因此，儿童越来越强的生命力说明了自然征服的奇迹，这在他的心理发展中可以观察到。

我们所说的"实体化"和敏感期可以比作是观察形成中的心理的内在过程的两个探视孔，因此，我们可以看到，内部器官正在工作，并决定着儿童心理的发展。

这越来越清楚地告诉我们，儿童心理的发展不是偶然发生的，也不是由来自外部世界的刺激所引起的，而是受短暂的敏感性，即与获得某种特性的相关的暂时的本能指导的。尽管这种发展是依靠外部世界的，但外部世界并没有决定性作用。它仅仅提供儿童心理生活所必需的手段，就像身体是通过吃和呼吸从它的外部环境中获得肉体生活所必需的手段一样。

我们已说过，内在敏感性决定着儿童从一个复杂的和适宜于生长的环境中选择一些必要的东西。内在敏感性使儿童仅仅对某些东西产生敏感，而对其他东西却漠不关心。当他对某些东西敏感时，那就像来自他的一线光亮照在这些东西上，而没有照到其他东西，被照到的东西也就构成了他的整个世界。但是，这并不仅仅是强烈渴望在一个特定的情境中去吸收知识的问题。儿童具有一种能运用这些东西发展自身的独特能力，因为他在敏感期中进行了某种心理的调整，从而使他能在生活中运用自己的运动器官，并表现出内在的和灵敏的特点。

在儿童和他的环境之间的这些感觉关系中，存在着揭开神秘的壁龛的钥匙。在这个壁龛里，精神的胚胎创造了发展的奇迹。

我们可以把这种奇妙的创造活动设想为一系列来自潜意识的强有力的冲动。通过这些冲动与外部世界的接触，人产生了意识。这种意识最初是混乱的，后来能区分清楚，最后能进行创造性活动。例如，婴儿学习说话就表现出这种情况。开始，环境中的那些声音是杂乱无序的，突然婴儿听到了一种清楚的、有魅力的和有吸引力的声音，就像是一种难以理解但又十分清晰的语言独自发出的声音。这时，婴儿那尚没有思考力的心灵听到了一种响彻世界的音乐。于是，婴儿的力量被激发起来，但并不是他的全部力量，而仅仅是那些必须起作用的力量。这些力量通常是隐藏着的，只有在不正常的哭泣叫喊时才被表现出来。现在，它们以一种有规律的运动活跃起来，并在一种命令下有序地改变它们的运动方式，这是为精神的胚胎的秩序所准备的一种新的节律。但是，它自身是专心致志于目前的生活，他的未来发展仍是未知的。

儿童的耳朵渐渐地能分辨出不同的声音。他的舌头也有了新的运动，原来仅仅用来吮吸，但现在开始体验到一种内在的震动。似乎在一种不可阻挡的力量推动下，它伸缩着去寻找喉咙、嘴唇和脸颊。这些震动是有活力的，然而除了带来一种无法表达的乐趣外，并没有任何的目的。

儿童的敏感期就是在工作，一种神圣的力量正在使儿童孤弱无助的状态消失，并用它的精神去激发他。

在一个婴儿的生活中，这内在的戏剧是一出爱的戏剧。从最广泛的意义上来说，爱是一种最伟大的现实，正在儿童心灵的秘密壁龛里展现出来，并经常吸引着儿童的整个心灵。这些惊人的活动并没有停止，留下了不易除去的痕迹，但人通过这些活动将变得更加伟大，并使他具有了更崇高的特性，这些特性将伴随儿童终身。然而，这一切都是在人们在不知不觉的情况下发生的。

为什么所有这一切都是悄悄地和难以察觉地发生的，那是因为外部环境的条件能充分满足儿童的内在需要。例如，说话的事实就是整个生命过程中最难以察觉的，它与敏感期的联系时间也最长。它之所以存在着秘密，因为婴儿总是被人们包围着，人们通过说话为他的语言发展提供了必需的条件。使我们了解婴儿的敏感状态的唯一的外部迹象是他的微笑。当我们用同一种清晰而简短的词语与他说话时，他会明显地表现出高兴的样子，因此，他能区分不同的声音就像我们能区分教堂的钟声一样。还有，当成人在傍晚时对儿童唱着一支催眠曲，一遍又一遍地重复着相同的歌词时，我们可以看到他慢慢地安静下来并处于一种天使般的安静状态之中。正是在这样的快乐之中，他进入了梦乡。我们为什么要用爱抚的语言与儿童说话，其原因就是要使生活中充满着微笑。从远古时代起，人们一到傍晚就会对他们的子女讲故事或唱歌，以满足其在这方面的渴望，并给予心灵上的一种安慰。

这就是儿童的有创造力的敏感性的正面证据。

但是，还有其他一些更为明显的反面证据。当外部环境反对儿童的正在秘密起作用的内在本能时，我们看到它们引起了儿童心理的失调和畸变，其结果将会伴随儿童的一生。如果婴儿不能受它的敏感期的指导，那么，他也就失去了一种自然征服的机会，而且永远失去了这种机会。

当一些东西在它的环境中阻碍了儿童的内在本能起作用时，敏感期的存在是通过一些激烈的反应而表现出来的。我们可以把它看作是一种没有原因的绝望，所以被认为是"任性"和"发脾气"。"发脾气"表示一种内在的障碍、一种需要没有得到满足和一种心理紧张的状态。儿童的心灵为自己所需要的东西而大声疾呼，寻求对它自己的保护。

发脾气的表现就相当于是有越来越多的无用的和烦躁的行为，可以把它比作为婴儿没有相应的病理原因就发烧。正如我们所知道的，儿童生病通常会体温升得很快，但它来得快也去得快，然而这种病对于成人来说是没有什么影响的。同样地，在心理方面，我们发现一种强烈的焦虑不安，它归于一些细小的原因，与婴儿异常的敏感性是联系在一起的。这些反应一直引起人们的注意，实际上，幼儿的脾气几乎从他一出生起就表现出来了，可以把它看作是人固有的反常心理的证据。当然，如果把每一种生理方面的失调都看作是一种功能性疾病的话，那么，我们必须把心理方面的失调也称为是功能性疾病。因此，婴儿的第一次"发脾气"也就是他心理上第一次生病。

人们已经观察到这些激烈的反应，因为一些病理事实总是首先引起注意的。不是平静而是失去平静本身成为一个值得思考的问题。最明显的事情不是自然规律，而是对自然规律的违背。生命的创造和保护本能的事实仍然隐藏着。在身体的功能方面，内在器官的机制确实是有点令人惊讶的，但没有一个人看到它或注意它。甚至依靠这些内在器官而活着的个人也没有意识他们自己的生理组织是那么巨大的。自然界是在不知不觉的情况下工作的，我们把能力的协调平衡发展称之为"健康"或"正常状态"。

在对健康仍然可能未受注意和未知的情况感到难以理解时，我们已具体地了解到疾病的所有细节。事实上，在医学史上，一些疾病从古代起就已经知道了。医学最早可以追溯到希腊和埃及的文明社会，我们发现了史前人遗留下的施行外科手术的痕迹。然而，我们最近才对内部器官的功能有所了解。血液循环是在 17 世纪时被发现的，为了研究内部器官的第一次人体解剖是 1600 年进行的。也就是说，对病理的研究间接地促进了对生理学秘密的即正常功能秘密的发现。

因此，人们仅仅意识到儿童的一些心理疾病，而对他心理的正常工作仍处于十分朦胧的状态，那并不会使人感到惊讶。如果我们考虑到这样的心理功能是极其微妙的，它是在隐蔽的地方秘密地工作而不会表现出来，那就更好理解它了。

令人惊讶然而有些荒唐地说，成人只知道儿童心理的疾病，而不知道儿童心理的健康。健康的心理仍被隐蔽着，像所有的宇宙力量还没有被发现一样。

如果情况确实是这样的，如果我们必须把婴儿看作在隐蔽的力量之中的我们尚未知的一个秘密，如果他的心理生活是在功能性失调和病态的背景下发展的，那么，这种情况就是很多的畸变所产生的必然结果，致使他盲目、衰弱、发展迟缓。这并不是一幅想象中的图画，而是一种反映目前状况的现实。在生活开始时的毫厘之差会导致以后生活中的天壤之别，人并没有在代表他自己的方面得到发展和达到成熟。

## 心理生活

成人并没有对婴儿提供真正的帮助，因为他甚至不了解婴儿肯定会做出的努力，所以，没有清楚地认识到那个正在发生的奇迹。从无到有的创造奇迹显然是由一个具有心理生活的人所完成的。

敏感期这种观念带来了一种对待婴儿的新方式。但到目前为止，婴儿仅仅被看作是一个幼小的植物性身体，除了迫切需要身体上的照料外，其他一概不需要。现在流行着一种对儿童心理表现的看法：在对儿童的照管中，我们自己必须不仅考虑存在什么，而且考虑它能发展成什么。成人必须对实体化过程中乃至新生儿中的心理现象不再处于一无所知的状态。他必须跟随儿童的早期发展，并对他给以激励。他并不是帮助婴儿去形成他自身，因为那是自然的任务，而是必须显示出对他的心理表现的重视，提供他的形成所需要的东西。总之，成人必须为精神的胚胎提供一种适宜的环境就像为肉体的胚胎在母亲的子宫里提供一种适宜的环境一样。

为了证明最幼小的儿童也具有心理生活，我们并不需要进行科学实验，因为通过实验心理学是能够理解这些情况的。正如一些现代心理学家所尝试的那样，试图通过给儿童提供感觉刺激引起他的注意，期待一种运动反应。这种运动反应恰恰表明了一种心理反应。

首先要说的是，有一个事实是很难被证明的。那就是，一个阶段（实际上可能是生命的第一年），儿童的运动器官已实现了心理协调，也就是说，生物成长或实体化的过程正在这个阶段积极进行之中。而且肯定会存在一种心理生活，但它是不成熟的，先于任何生物的随意运动，因为是心灵激发这种运动。

　　最早的激励方式是由感觉提供的。正如莱文（J. Levine）<sup>①</sup>用他的心理学电影所显示的，想要某个东西的儿童只会用探出他的整个身体的方式去接触那个东西。只有过了很长时间后，随着他的运动器官的协调发展，儿童才能分离各种动作，例如，为了得到他想要的东西，他就会伸出他的手。

　　另一个例子是关于一个 4 个月大的婴儿的。这个婴儿喜欢看着一个说话者的嘴唇，尽管他无法清楚表示自己，他的嘴唇也不能做好发音动作，但最重要的是从他的脸上已能看出一种敏锐的注意力，表明他已被自己面前的那个有趣的现象吸引住了。到 6 个月时，虽然这个婴儿已开始发音甚至使用一些独立的音节，但上述的情况依然如此。因此，在最早的清晰发音之前，这个婴儿表现出一种可以觉察到的对说话的兴趣，秘密地准备激发他的发音器官，因为已存在着一种激发的心理因素。这样的敏感性的存在能从观察中得知，而不能从实验中得到。事实上，由那些实验心理学家所尝试过的类似的实验能在外界环境中进行，但这会破坏婴儿心理的秘密工作，因为婴儿在预定的时间之前肯定消耗过多的精力。

　　对婴儿心理生活的观察方法必须采用与法布尔（J. H. Fabre）<sup>②</sup>在对昆虫观察时的相同方法。当昆虫在它们的自然环境中生活时，法布尔自己为了仔细观察它们而隐藏起来，不去打扰它们。同样地，当儿童的感觉器官有意识地积累外部环境的印象时，我们才开始观察他们，因为从那时起一个生命才会依靠它的外部环境自然地发展起来。

　　为了帮助儿童，成人并不需要去发展一些特别的观察能力，以便能够去解释它。事情将是十分简单的：那就是成人应该在心理上做好准备去帮助儿童那隐藏起来的心理。而且，有关儿童的常识将足以使我们成为儿童

---

　　① 莱文，美国心理学家。
　　② 法布尔（1823～1915），法国昆虫学家。

的追随者。

正如一些例子所表明的，对儿童的照管，既是简单的，又是实际的。我们知道，因为婴儿还不能站立，所以他总是躺在那里。因此，他最初与其环境形成的感觉关系一定是与天空而不是与大地形成的，然而，看天空又正是成人防止他做的。事实上，他躺在那里，通常凝视着房间里白色的天花板或他自己的童车的篷盖。然而，通过这样的情景，这个婴儿肯定能获得最早的感觉印象，以便对他饥饿的心灵提供滋养。

那些认为婴儿需要看到一些东西的人往往会把一些物品放在他面前，以便把婴儿从单调的环境中吸引开来。正如那些实验心理学家所做的，这些本意良好的人会把一只能摇动的球或有颜色的物品挂在婴儿的摇篮上。婴儿渴望去拿到它或者由此想象他自己的环境时，为了使自己的眼睛跟随着在他面前晃动的那些球或玩具，他就要努力去转动他自己的身体。这种努力是不自然的，因而使婴儿处于一种十分别扭的姿势和运动之中。实际上，我们最好是把婴儿放在有点倾斜的床上，这样他至少能俯视他房间里的环境。同样地，也可以把婴儿放在花园里，在那里飘动的树叶、鲜艳的花朵、跳跃和奔跑的动物将为他构筑一个生气勃勃的景象。

应该让婴儿长时间看到相同的景象，这是必要的。因为他看到同样的东西，也就学会识别它们；看到它们总是放在同一个地方，也就学会了区分无生命的物品的移动和有生命的生物的运动。

## 外部秩序

儿童总是通过物体的外部秩序而认识他周围的环境，并理解他自身与环境的关系。

最幼小的儿童的一个特点就是对秩序的热爱。1 岁半或 2 岁的儿童能清楚地指明一些东西，他们甚至很早就具有了这种能力，但并没有引起人们的注意。他们需要自己周围的环境有秩序。儿童这种对秩序的热爱不能与一位好的家庭主妇进行比较。家庭主妇说："我爱我的家，我爱它一直是整洁的。"她仅仅是说说而已，婴儿就不能生活在杂乱无序的环境之中。杂乱无序干扰了他，并使他心烦意乱。他会通过绝望的叫喊来表达自己的痛苦，甚至会采取生病的形式表达自己的焦虑。婴儿能直接意识到一种杂乱无序的情况，而成人和更大一点的儿童往往对此没有察觉。外界环境的秩序明显地影响他的敏感性，但当他长得更大一点时这种敏感性也就消失了。所以，那些周期性的敏感性恰恰会在发展过程中的生物身上出现，我们称之为"敏感期"。这是一个最重要的和最神秘的时期。

似乎使人感到惊讶的是，虽然儿童在敏感期时会考虑到外部秩序，但是每一个人都会认为儿童天生就是杂乱无序的。这种自相矛盾的说法源于这样的事实：婴儿不能指出他自己在一个环境中的位置，因为这个环境并不是他自己的。在这个环境中，教师是一个比他更强有力的人，即不理解他并认为他是任性的一个成人。然而，对于那种扯着嗓子毫无理由哭泣叫喊（即随意哭闹）的婴儿，对于那种无论怎样安抚都不停止哭泣叫喊的婴儿，我们见得还少吗？显然，在婴儿的心灵里隐藏着成人所不了解的秘密。

因此，给予成人建议和指导是十分必要的。这样，他就可以立即意识到婴儿心灵里所隐藏着的秘密并将看到儿童的心灵如何去展现这些秘密。

在我们的学校里，如果任何东西没有放在它规定的地方，2 岁大的儿童就会注意到它并把它放回去。同样必要的是，为了使儿童养成保持整洁的习惯，在我们学校里几乎所有不必要的东西都被排除掉。为了表现对秩序热爱的倾向，儿童应该是自由的。

在巴拿马运河通航那一年举办的旧金山博览会的中心大厅里，曾展出了有关我们学校的图片。很多公众能从这些图片上见到这样的现象：有一个 2 岁的儿童在放学后把所有的椅子沿着墙壁放好。在这个工作过程中，他看上去是若有所思的。有一天，他倚靠着一把大椅子，无法决定该怎么办，经过思考后他把这把大椅子放在与其他椅子相隔不远的地方，实际上那里也是这把的大椅子通常放的位置。

又有一次，一个大约 4 岁的儿童在把水从一个容器倒入另一个容器时，把一些水落在地板上但他自己并没有看到。这时，一个年龄更小的儿童拿着一块抹布坐在地板上，当水掉在地板上时，他就马上擦干净，那个大约 4 岁的儿童并没有注意到这种情况。当他停止倒水时，那个年龄更小的儿童问："你还有吗？"这使得那个年龄大的儿童惊讶地反问道："还有什么？"

但是，如果没有准备一种适宜的环境以及婴儿发现他在成人中不能平静地表达自己的想法，那么，这些有趣的表现形式就会变成一种痛苦的难以解释的、没有价值的事情。

为了发现婴儿身上这种敏感性的一种明确的征兆，在他们的需要得到满足时，这样的一种征兆被看作是欢乐和热情的一种表现。对于成人来说，有必要去学习幼儿心理学，因为秩序的敏感期是在儿童出生后的最初几个月里出现的。那些受过训练并根据我们的原则去做的保姆能提供这样的例证。这里我可以举一个例子：一位保姆每天用童车推着一个 5 个月大的婴儿，慢慢地通过房子前的庭园。这个儿童一看见嵌于旧的灰墙上一块白色大理石碑，就表现出特别的兴趣和欣喜。尽管庭园里遍地都是讨人喜欢的花朵，但是，每当她们走近那块白色大理石碑时，这个小女孩总是特别的兴奋和高兴。所以，这位保姆每天都把童车停在那块白色大理石碑前，似乎这是唯一能使出生不久的婴儿持久欢乐的事情。

但是，我们也应该看到，一个敏感期的存在更可以通过儿童所遇到的障碍清楚地表现出来。也许儿童在大多数情况下发脾气是由这样的敏感性而引起的。

我可以提供一些来自现实生活中的例子。这是一个小家庭的情况。我们所谈论的婴儿只有几个月大，习惯于躺在一个有点倾斜的大床上，以便俯视他周围的环境。他的房间实际上是根据生理卫生学原理而布置的一个可以盥洗的保育室，房间并没有漆成通常的白色。这个房间的窗格玻璃是彩色的，并布置了一些小型家具，一张铺有黄色台布的桌子上面摆着鲜花。有一天，一位客人来到她家里做客，把她的阳伞放在那张桌子上。于是，这个小女孩开始变得焦虑不安起来，这把阳伞肯定是她焦虑不安的原因，因为她是在凝视这把阳伞后开始哭泣起来的。大人以为这个小女孩想要这把阳伞，当客人把阳伞拿给她时，她却把它推开。阳伞又被放回到桌子上。尽管保姆把这个小女孩抱到放在桌子上的那把阳伞旁边，但她继续哭泣，并进行挣扎。就在这时，这个小女孩的母亲从桌子上拿起这把阳伞，并把它放到房间外面去，因为她对一个儿童早期的心理征兆有所了解。这个小女孩立即就变得平静了。她之所以焦虑不安的原因就是那把阳伞放错了地方，这严重地违反了这个小女孩需要记住的那些东西摆放位置的通常秩序。

还有另一个有关一个年龄更大的孩子的例子。有一天，我发现自己与一群旅行者一起穿越那不勒斯的尼禄洞穴。其中一位年轻的母亲带着她的大约1岁半的孩子。由于这个孩子年龄太小而不能自己步行走完地下洞穴的整个行程。没过一会儿，这个孩子就累了。他母亲只得抱起他，但她过高估计了自己的力气。抱着孩子走路使她感到热了，于是她脱下外套并把它搭在自己的手臂上，这对她抱孩子是有妨碍的，这时，她手里抱着的孩子开始哭了起来，而且哭声越来越大。他的母亲努力使他安静下来，但是一点用处也没有用。这位年轻的母亲显然累垮了，并表现出十分苦恼的样子。这种情况引起了所有人的关注，其他人很自然地想帮助她。这个小孩从她母亲的一只手臂转到另一只手臂，但他仍然在挣扎和哭泣。我们每一个人与他说话或训斥他，但这只能使情况变得更为糟糕。

看起来，好像这个小孩的母亲应该抱他，但是，他却处于一种我们称之为"发脾气"的状态，因此，改变抱的姿势似乎是没有用的。主导本能使这个小孩叫喊得更加厉害。我们中的一个人说："让我来抱。"他十分严肃地用自己强有力的手臂抱着这个小孩，但这个小孩的挣扎实际上变得更加激烈了。

我想到幼年期的秘密以及这个小孩的反应肯定是有原因的，于是我走上去对这位母亲说："请允许我帮你穿上外套吗？"她惊讶地看着我。由于她仍然感到很热，因此，她被我说的话弄糊涂了，但是，她听从了我的话，让我帮她穿好了外套。于是，这个小孩立即就安静下来了，不仅停止了哭泣，而且停止了挣扎。他说："妈妈，穿上外套，"好像他要说："妈妈，外套就应该是穿上的。"也许他想"你们终于知道我了"，他把手伸向自己的母亲，并露出了微笑。这种迅速发生的结果完全是平静的。外套就是要穿在身上的，而不能像一块布那样搭在手臂上。这位年轻母亲身上的无序现象作为一种不和谐的障碍影响了她的孩子。

还有另一个家庭的情景是我见到的一个最有启发的例子。那位母亲感到自己的身体有点不舒服，就躺在沙发上，保姆给她放了两个靠垫。这时，她那仅21个月的女儿走到她面前，要求她讲"故事"。作为母亲的她怎么可能拒绝自己孩子提出的这个要求呢？虽然那位母亲仍然感到不舒服，但她开始讲故事，这个小女孩全神贯注地听着。但是，她后来实在无法继续把故事讲下去。只得让保姆扶她到隔壁房间里去睡觉。被留在沙发旁的这个小女孩这时就哭起来。每个人都会认为，这个小女孩的哭泣是自然的，因为她为自己的母亲生病受惊和难过，于是尽力去安抚她。然而，当保姆要把沙发上的两个靠垫拿到隔壁房间去时，这个小女孩开始尖叫起来："不是靠垫，不是靠垫！"她仿佛在表示："无论怎样，靠垫必须放在它的位置上！"

保姆用好言好语哄着这个小女孩，并把她带到了母亲的床边。尽管她母亲生病了，但仍然尽一切努力继续讲故事，以为这样可以安慰自己的孩子。但是，这个小女孩仍然抽泣着，泪流满面地重复说："妈妈，沙发。"这时，故事已不再引起这个小女孩的兴趣。她母亲和靠垫已改变了位置。在一个房间里开始的故事在另一个房间里结束，在这个小女孩的心里的冲突是戏剧性的和无可挽回的。

这些例子表明了儿童对秩序强烈渴望，同样使人惊讶的是儿童的早熟程度。一个 2 岁的儿童对秩序的热爱会以一种平静的和主动的方式表现出来的。事实上，我们注意到，在我们学校里最有趣的事情之一就是，如果有任何东西被放错地方，注意到它的儿童就会把这个东西放到规定的地方去。他会注意到最小的细节上的不协调，但成人和更大一点的儿童就不会注意到这一点，例如，一块肥皂被放在脸盆架上而不是放在肥皂盒里，或者一把椅子被放歪了或放在不恰当的地方，看到它的儿童就会跑过去把它放在正确的地方。某些东西放置得零乱而不协调似乎对他相当于是一种刺激，一种使儿童不安的信号，仅此而已。把东西放整齐给儿童带来了真正的快乐。在我们的学校里，那些三四岁的儿童在他们完成练习或工作之后，都会把那些东西放回到规定的地方。显然，他们自发地和愉快地去完成这个任务。

秩序就是指东西应该放在规定的地方。儿童具有秩序感意味着他已认识到那些东西在他的环境中所安排的位置，并清楚地记得它们的位置。这也意味着他能够去适应他自己的环境，并熟悉所有的细节。我们内心希望有这样的环境：我们闭着眼睛也能到处走动，仅仅只要伸手就能拿到所要的东西。对于平静和快乐的生活来说，这样的一种环境是必不可少的。

很明显，儿童对秩序的热爱不同于成人对秩序的热爱。在某个年龄阶段，它是一种极其重要的需要。对儿童来说，杂乱无序是一种痛苦。它被看作是儿童心灵深处的一种伤害。因此，儿童仿佛会说："我不能生活，除非我周围是有秩序的。"实际上，对儿童来说这是一个生与死的问题。但对成人来说，它仅仅是一个有关是否快乐的问题、一个有关是否舒适的问题。但是，儿童会使自己处于一个适宜的环境中。他的自我活动并不是通过一些模糊的方式而实现的，而是根据一种明确的指导去做的。自然的指导根据有关令人生畏的原则去实施它的计划和时间表，健康与生病、生与死在这个原则中起了作用。对于幼小的儿童来说，秩序就像陆栖动物漫步的大地或鱼儿遨游的水域。十分必要的是，早期儿童应该在一个环境中获得方位原则，从而使他的精神在这个环境中得到进一步的发展。

这种对秩序的热爱的特点在儿童的游戏中被展现出来。瑞士心理学家皮亚杰（J. Piaget）[①] 教授根据日内瓦的克拉帕雷德（E. Claparede）[②] 教授的观点，对他自己的孩子进行了一些有趣的实验。他把一些东西藏在一把扶手椅子的坐垫下面，在让他的孩子到房间外面去后，他又把这些东西藏到第一把椅子对面的另一把扶手椅的坐垫下面。皮亚杰教授希望他的孩子回到房间后会到第一把扶手椅的坐垫下面找东西，当孩子找不到东西时又会到对面那把扶手椅的坐垫下面去找。但是，他的孩子仅仅翻开第一把扶手椅的坐垫去找东西，然后用一种儿童的语言说："没了。"他并没有到其他地方去继续寻找这件东西。皮亚杰教授重复这项实验，允许孩子看着他从第一把扶手椅的坐垫下拿出东西藏到另一把扶手椅的坐垫下面。然而，这个孩子还是像以前那样重新找了一遍，并说着同样的话"没了"。因此，皮亚杰教授得出结论：他的儿子有点傻，他几乎有点不耐烦地翻开第二把

① 皮亚杰（1896～1980），瑞士心理学家。
② 克拉帕雷德（1873～1940），瑞士心理学家。

扶手椅的坐垫说："你没有看到我把东西放在这里吗？"这小孩回答说："我看到的。"然后指着第一把椅子说："但是，它应该在这里的。"

这个儿童并没有寻找任何东西的念头，因为他觉得这个东西与他自己没有关系。他所关心的事情是，这个东西应该回到它原来的地方，也许他认为自己的父亲不理解这种游戏的意思。难道这种游戏就是简单地把某个东西拿走然后又把它放回到原来的地方吗？他父亲所说的"藏着"恰恰是指：这个东西藏在坐垫下面就是藏在看不见的地方。但是，这个儿童却认为，如果这个东西不被放回原来的地方，那这种游戏有什么意思呢？

当我开始与一些两三岁儿童一起玩捉迷藏的游戏时，我也感到十分惊讶。在这种游戏中，儿童总是很激动和很高兴，而且充满着期望。他们是这样进行这种游戏的：一个儿童当着其他儿童的面藏到铺着长长的台布的桌子下面，然后其他儿童走出房间，等他们再回到房间时马上就去掀起桌布，当他们看到藏在桌子下面的同伴时就高兴得大声叫喊起来。这些儿童一遍又一遍地重复做这种游戏。他们依次说："现在，我来藏。"然后就爬到那张桌子下面。另一次，我看到一些年龄大一点的儿童与一个年龄小的儿童玩捉迷藏的游戏。他们知道那个年龄小的儿童藏在一件家具后面，但他们进来时，假装没有看到他。除了这件家具后面，他们故意找遍了房间里的所有地方，他们认为这样就会使那个年龄小的儿童感到高兴。但是，那个年龄小的儿童却大声叫喊起来："我在这里！"并且很不高兴地嚷道："难道你们没看到我在这里吗？"

有一天，我自己也参加了这样的游戏。我看到一群幼儿高兴地欢呼起来并鼓掌，其原因是他们找到了藏在门背后的一个同伴。他们挤在我身旁请求说："和我们一起玩吧，你藏起来。"我同意了。他们都奔到房间外面去，似乎他们不想看到我会藏在哪里。我并没有走到门背后，而是藏在一只柜子后面的角落里。幼儿们回来后全部奔到门背后找我。我等了一会儿，看到他们不再找了，就从躲藏的地方走出来。这些儿童都表现出一种颇为失望和迷惑的样子。他们有点责备地问道："你为什么不和我们一起玩？你为什么不藏起来？"

如果游戏的目的确实是为了快乐（这些儿童实际上很高兴重复他们的可笑做法），我们必须认识到，某个年龄的儿童快乐在于他们在自己认为的地方找到那些东西。对他们来说，把一些东西藏起来就是看不见这些东西。它的重新发现带来了一种秩序感，不管是看到什么，还是没有看到什么，某种东西总是放在它应该放的地方。因此，他们会对自己说："你不可能看到它，但是我知道它在哪里，我闭着眼睛也能找到它，确信它被放在哪里。"

自然已赋予儿童对秩序的内在敏感性，这是通过一种内部感觉而形成的。这种感觉就是区别各种物体之间的关系，而不是物体本身，因而能看到一个整体的环境，在这个环境中各个部分是相互依存的。只有在这样的一个整体环境中，才有可能使儿童自己去适应这个环境，并有目的地去行动。正是在这个基础上，儿童形成了他对相互关系的感觉。如果所积累的外部印象不按照秩序组织起来的话，那它们有什么用处呢？那就像有家具而没有放置家具的房子一样。如果一个人仅仅知道区别各种物体，而不了解它们的相互关系，那他会发现他自己处于一种无法摆脱的混乱状态之中。儿童的工作就在于人具有本能，这种本能显然是自然的一种礼物，使他自己去适应环境，并在环境中找到他自己的方式。在秩序的敏感期里，自然给儿童上了第一节课，同样地，自然就像一位教师给儿童提供一张教室平面图，使他为识别地图做好了准备。我们可以说，通过这第一节课，自然给人提供了一个指南针，使他能在世界上调整方向。同样地，自然给予幼小的儿童学会正确说话的能力，而成人随着年龄的增加使他自己的语言得到无限的发展。人的心理并不是凭空而来的，而是儿童在他的敏感期所打下的基础上发展起来的。

## 内部定向

儿童具有两重秩序感：一个是外部的。这种秩序感属于儿童对他自身与他的环境的关系的感知。另一个是内部的，这使儿童意识到自己身体的各个部分以及它们的相对位置。后一种感知可称之为"内部定向"。

一些实验心理学家一直在研究内部定向。他们认为，存在一种肌觉，这种肌觉使每个人能意识到自己身体的不同部分所在的不同位置。这就要求有一种特殊的记忆，称为"肌肉记忆"。这种解释完全是机械的，它是基于意识活动的经验之上的。例如，如果我们移动自己的手拿到了某种东西，这个动作就被感知了，保存在我们的记忆中，而且可以再现。由于我们已经有了理性的和随意的经验，因此，我们可以选择移动自己的右臂或左臂，朝着一个方向或另一个方向转动。

但是，儿童的情况却表明，远在他能自由地到处走动和具有任何经验之前，他已经历了与身体的各种姿势有关的高度发展的敏感期。也就是说，自然已经给儿童提供一种与他的身体的各种姿势和位置有关的特殊敏感性。

那些旧的理论是建立在神经系统的机制基础上的，然而，敏感期是与心理活动有关的。洞察和冲动的心理活动为意识的方式打下了基础，它们是正在产生一些基本原则的自发能量，而这些基本原则构成了心理发展的基础。因此，自然为心理的发展提供了潜在的可能性和被意识到的经验。

我们发现，儿童的周围环境阻碍这种创造性的发展时，可以看到一个反面的证据，恰恰能用来证明这种敏感期的存在以及它固有的敏感性。当这种情况发生时，儿童变得极为焦躁不安，这种脾气可能呈现为一种疾病的征兆。如果这种有害的情况持续下去，那么，就有可能阻止所有治愈这种疾病的尝试。然而，一旦障碍排除了，脾气和疾病也就消失了，这明显地表明了产生这种反常现象的原因。

这里有一个有趣的例子是一位英国保姆告诉我的。由于必须在短时间离开她工作的那个家庭，她找到了一位能干的替代者。这位替代者原以为这个工作很容易，但她在给所照料的小孩洗澡时却碰上了很大的困难。无论何时，一给这个小孩洗澡，他就变得不安和绝望。他不仅哭起来，而且还远离替代的保姆，并且把她推开试图逃跑。这位保姆为孩子做了她所能想到的一切，但是这个小孩仍然厌恶她。当以前的保姆回来时，这个孩子就恢复了平静，很明显地喜欢洗澡了。这位英国保姆曾在我们的一所学校里受过这方面的训练，对探究儿童厌恶的心理原因感兴趣，对儿童之谜的发现将会解释已发生的这个现象。她具有极大的耐心试图去解读如此年幼的儿童所说的那种不完整的语言。这个小孩已经把第二个保姆当作坏人，但是为什么呢？因为她是用相反的动作给他洗澡的。于是，这两位保姆比较了她们给小孩洗澡的方式，并发现了这个差异：第一位保姆是右手靠近他的头，左手靠近他的脚；第二位保姆恰好相反。

我可以回忆起来的另一个例子，情况更为严重。它有着一种尚未确诊的疾病的所有征兆。我偶然被卷入其中，虽然我并没有以医生的资格直接介入进去，但我目睹了所发生的一切。所涉及的这个小孩还不满 1 岁半。他的家庭刚刚完成了一次漫长的旅游，根据他们的看法，这个小孩只是太年幼了，以致不能忍受这种疲劳。然而，他们的母亲提到在路途中没有发生特别的事情，一切相当顺利。每个晚上，他们都睡在一流的旅馆里，那里有围着栏杆的儿童小床，还为小孩准备了特殊的食物。而现在，他们住在一个宽敞的有家具的公寓房间里。由于没有围着栏杆的儿童小床，这个小孩与他母亲睡在一张大床上。他的疾病就从这时开始了，最初的症状是晚上失眠和反胃。一到晚上，就必须把这个小孩抱在怀里。他的哭声是由于胃痛的缘故。请来儿科医生检查这小孩，给这小孩提供了特殊的饮食、日光浴、散步以及采用了其他的方法。但是这些措施毫无成效，夜晚成了全家的一种痛苦。这个小孩最后惊厥起来，可怜地抽搐着，并在床上打滚。这种情况每天要发生两三次。这个小孩因为年纪太小而不能说，所以对他的最大帮助应该是了解他需要解决的苦恼。于是，他父母决定约请一位著名的儿童精神病专家。当时我也参加了。这个小孩看上去很好，据他父母讲，在漫长的旅途中一直很健康。因此，他的失调很可能有着某种精神的因素。当我看到这个小孩躺在床上忍受着病痛发作的痛苦时，我得到了一种启发。我拿了两只枕头，把它们平行铺开，它们的垂直边就形成了一个小床，像一张围着栏杆的儿童小床。然后，我把床单和毯子覆盖上去，没有说任何话，把这张临时凑成的儿童小床紧靠在小孩所睡的床边。这小家伙看着它停止了嚎叫，滚着滚着，滚到这张床的边沿，然后睡在里面，并说："卡玛，卡玛，卡玛！"他用这个词来表示"摇篮"，并立即就睡着了。他的病症再也没有发过。这个小孩采用了他的方法表示对一种令人讨厌的无序的抗议，不满成人把他抱离自己的床而放到一张没有围栏的大床上。

很明显，睡在大床上的这个小孩，失去了从儿童小床的围栏中所感觉到的那种支撑感。这种感觉的丧失，导致了内部定向的混乱以及痛苦的内在冲突，在许多医生看来似乎是不可治愈的。这个小孩的反应说明了敏感期的力量，在敏感期里他具有创造力的自然力量。

儿童并没有和我们相同的秩序感，而经验使我们这些成人变得麻木不仁。但儿童是贫乏的，正处在获得感知印象的过程之中。他开始时一无所有，只有感受到创造的疲劳，并把我们作为他的继承人。而我们就像一个靠艰苦劳动而富起来的人的儿子，不理解他所承受的劳苦和艰辛。我们由于已拥有的一切和取得的社会地位而变得冷淡和迟钝。现在，我们可以充分运用儿童给我们的理性、儿童的经过训练的意志，以及他为我们而发达起来的肌肉。我们之所以能使自己适应这个世界，那是因为儿童训练了这样的敏感性。我们之所以富有，那是因为我们是儿童的继承人。开始时一无所有的儿童，为我们奠定了未来生活的基础。从一无所有到未来生活的第一源泉，儿童做出了巨大的努力。儿童是为接近这个生命之泉而行动的，对于这种创造的方式，我们自己既不了解，也无法回忆起来。

## 智力发展

儿童智力的发展向我们表明，并不像机械心理学家所主张的那样，智力是慢慢地从外部发展起来的。但是，这些机械心理学家对教育的理论和实践仍然有着很大的影响，因而也影响到儿童的教育。根据他们的观点，外部物体的印象是砸开我们感官大门硬闯进来的。然后，这些印象定居在心灵里，通过逐渐的相互联合，变成有组织的东西，并被认为构成了智力。它假设儿童在心理上是被动的，听凭环境的摆布，并由此推论儿童是完全受成人控制的。另一个相似的观点是，儿童不仅在智力上是被动的，而且他像一只空瓶，即有待填塞和塑造。

我们自己的经验清楚地表明，不要忽视儿童的环境对他智力发展的重要性。众所周知，我们的教育体系如此注重儿童的环境，并使这种环境成为整个体系的中心。与其他的教育体系相比，我们也更多地和更合理地注重儿童的感知，但是，在我们的思想和那种认为儿童仅仅是一个被动的人的旧观念之间却存在着明显的差异，我们强调的是儿童的内在的敏感性。儿童具有一个渐进的敏感期，这个敏感期几乎持续到 5 岁，并使他具有真正惊人的能力从他的环境中吸收印象。儿童是一个积极的观察者，通过他的感官吸收印象，但这并不意味着他像镜子一样接纳它们。一个真正的观察者是根据一种自身的内在冲动、一种感觉或特殊的兴趣而行动的，使他有选择地吸收印象。美国心理学家詹姆士（W. James）[①] 在谈到从来没有一个人看到过一个物体的整个面貌时，曾阐述了这一思想：每个人只能看到一个物体的一部分，也就是说，他所描述的物体是根据自己的情感和兴趣来决定的。因此，同一物体却被不同的人用不同的方式描述着。詹姆士在这方面提供了一个巧妙的例子。他说："如果你穿着一套使你很满意的新衣服的话，你就会开始专门注意其他人身上所穿的同一式样的衣服，但如果你是在车流不息的马路上这样看的话，那就有可能丧命于车轮之下的危险。"

我们可能要问，使年幼儿童能在所吸收的无数印象中，选择某种印象的特殊兴趣是什么？不言而喻，不可能存在于詹姆士所举的例子，这个儿童不会受到对外界原因的兴趣的影响。儿童开始时一无所有，并依靠自己的力量向前发展。坦率地说，这就是儿童的理性，敏感期就是环绕着它而转动的。这种理性的过程肯定是自然的和创造性的，像一个有生命的东西逐渐地发展，依靠从环境中所吸收的印象来获得力量。

儿童的理性提供了最初的动力和能量。各种印象立即被整理排列起来以服务于理性，儿童吸引他的最初的印象来帮助理性。我们甚至可以说，儿童对这种印象是如饥似渴的和贪得无厌的。正如我们所知道的，儿童会被光线、色彩和声音强烈地吸引住，并因此感到极其愉快。但我们要强调指出，这个理性的过程是一种自发的运动，是一种内部的现象，尽管它才刚刚开始。很明显，儿童的心理状态值得我们注重和给予帮助。儿童从一无所有开始发展他的理性，即人的特有品质。甚至在他能用他的小脚走路

---

[①] 詹姆士（1842～1910），美国心理学家。

之前，他已开始沿着这条道路前进了。

也许一个例子比一种解释更能清楚地阐明问题。我想起一个特别动人的例子：一个出生只有 4 个星期的婴儿，他从未被带出过出生的那幢房子。一天，一位保姆抱着这个婴儿，这时，这个婴儿同时看到他父亲和碰巧住在同一幢房子的他的叔叔。这两个人身高差不多，年纪也相仿。这个婴儿因此大吃一惊，害怕看到这两个人。他的父亲和叔父知道我们的工作，要我们帮助消除这个婴儿的恐惧。于是，只要在他的视线范围内，他俩就一直分开，一个到右边，一个到左边。这个婴儿转过头来看着一个，对他凝视了一会儿就突然笑了起来了。但后来，他突然又变得忧虑起来。他迅速地转过头看着另一个人。只看了一会儿，他也对那个人笑了。他重复地把头左右转动了好多次，脸上交替地显示出忧虑和宽慰的表情，直到他终于意识到实际上有两个人为止。这两个人是这个婴儿曾经看到过的仅有的男人。他们二人与他在不同的场合玩过，把他抱在怀中，并满怀深情地跟他说话。这个婴儿起初认为，有一个男人不同于他的母亲、保姆和家里的其他女人，而且他从来没有看见过两个男人在一起，因此当他突然同时见到两个男人时，他就变得警觉起来。从他周围的环境中，分离出来了一个男人，然后当他见到另一个男人时，他发现了自己的第一个错误。尽管他出生只有 4 个星期，但他在实体化的过程中，已经感知到人类理性的谬误。

如果这两个男人没有认识到，这个婴儿从他一出生起就有着心理生活，他们就不会去帮助。这种帮助使这个婴儿走出了最困难的一步，并努力获得更多的意识。

我还可以从更大一点的儿童的经历中引证一些例子。一个 7 个月大的儿童坐在地板上玩一个枕头。枕头套上装饰有花和儿童的图案，他正兴致勃勃地用鼻子闻着图案上的花和用嘴吻着图案上的儿童。一位照管他的女仆，没有受过什么教育，以为他如果能闻和吻其他东西的话，也一定会高兴的。于是，她急匆匆地给这个儿童拿来各种各样的东西，并说："闻这个！吻这个！"但结果是，儿童幼小的心灵被搞乱了。因为它正处于形成自己模式的过程中，通过识别图像把它们固定在记忆中，并由此高兴和平静地进行着内部构建的工作。他那试图获得一种内部秩序的神秘工作，被一个成人的无知打乱了。

因此，当成人粗暴地打断儿童的思维或企图分散他的注意力时，就有可能阻碍了这种艰苦的内部工作。他们在游戏中拉起儿童的小手和亲吻他，或试图让他睡着，而不考虑他那正在工作的特有的心理进程。没有意识到这种神秘工作的成人可能彻底毁灭了儿童最初的心理模式，就像海水冲上了沙滩并卷走了用泥沙堆成的那个城堡一样，因而在沙滩上堆沙堡的那些人必须再三重新开始。由于这种无知，成人就有可能压抑了儿童的基本欲望。重要的是，儿童应该能保留他所得到的清澈印象，因为只有使这些印象清澈，并且对它们进行区分之后，他才能形成自己的智力。

一位著名的儿童营养专家做了一项很有趣的实验。他开设了一个诊所，他的实验使他得出结论：甚至在儿童食物方面也必须考虑个人因素。他发现，至少在儿童达到一定年龄之前，还没有一种东西能替代最适宜所有儿童的母乳，因为对一个孩子来说是好的东西，但对另一个孩子却可能是坏的东西。他的诊所无论在形式上还是在理论上都是一个典范。他的方法对 6 个月以下的儿童产生了极好的效果，但对 6 个月以上的儿童却失败了。这确实是个谜，因为人工喂养在这个年龄比早期喂养要容易得多。一些不能给自己的孩子喂奶的贫困的母亲去询问这位专家如何喂养孩子，他在这个诊所内为这些母亲开设了门诊处。但是，这些贫困父母的孩子，并没有像那些住在诊所里的儿童那样在 6 个月以后表现出失调的症状。经过反复的观察之后，这位专家终于认识到，在这个现象的背后肯定存在着心理因素。他开始注意到在这个诊所里的 6 个月以上的儿童"由于缺乏心理的营养而产生厌倦"。他给儿童提供一些消遣的娱乐活动，不再让他们只在诊所的平台上独自散步，而带他们到对这些幼儿来讲是新奇的一些场所去散步，结果是他们恢复了健康。

大量的实验已经表明：不到 1 岁的儿童能对他们周围的环境获得如此清晰的感知印象，以致能从一些图片中认出这种环境。但要进一步注意的是，这种印象一旦获得就不再引起他们强烈的兴趣了。

从第二年开始，儿童不再被一些漂亮的物体和鲜艳的色彩搞得异常兴奋。我们注意到，这种欣喜若狂正是敏感期的特征。与此同时，他对我们不注意的小物体感兴趣了。可以说，他对不显眼的东西或者至少是意识边缘的东西感兴趣了。

在一个 15 个月大的小女孩身上，我第一次发现了这种敏感性。我听到她在花园里捧腹大笑，这对这么一个小孩来讲是很不寻常的。她独自走出去，坐在平台的砖头上，完全沉醉于一种活动中。附近一个种着天竺葵的美丽花坛在骄阳下显得十分艳丽，但这个小女孩并没有看着它们，而把眼睛盯在地上，那里显然没什么可看。我看到了儿童的一种奇特的兴趣，它是那么的不可捉摸。我慢慢地走近她，仔细地看着这些砖头，并没有看到任何特别的东西。但是，这个小女孩却用郑重其事的口气对我说："那里有一只小东西在动。"经她的指点，我看到了一只实际上跟砖块颜色一样微小得几乎看不出的昆虫正在迅速地跑动着。原来，激起这个小女孩捧腹大笑的是一个小生物，它会动，甚至会奔跑。她在欢乐的叫嚷声中迸发出一种好奇心，叫嚷声远远高过她平常的声音。这种欢乐并不来自太阳，也不来自花朵，也不来自艳丽的色彩。

有一次，一个差不多也是 15 个月大的小男孩也以一种相似的方式给我留下了深刻的印象。他的母亲收集了很多色彩艳丽的明信片让他玩。这个小孩对这些收藏品似乎很感兴趣，拿来给我看。他用孩子的语言对我说："叭——叭"，即"汽车"。于是，我知道他要我看汽车的图片。他有许多各种各样漂亮的图片，很明显，他母亲把这些东西收集起来是为了让他高兴，同时也可以对这孩子进行教育。在这些明信片上，有长颈鹿、狮子、蜜蜂、猴子、鸟等各种动物的图画。在另一些明信片上，有儿童感兴趣的家禽——绵羊、猫、驴子、马和母牛的图画。还有些明信片则绘有各种景色和风景，上面画着房子、动物和人。然而，使人觉得奇怪的是，在所收藏的众多明信片中并没有汽车的图画。我对这个孩子说："我没有看到汽车。"当时他看着我，挑出一张明信片并得意地说："努，这里！"在这幅图画的中央，可以看到一只美丽的猎狗，远处有一个猎人，肩上扛了一把枪，在一个角落里可以看到一座小屋和弯弯曲曲一条线，可以肯定它算是条路，在这条线上还可看到一个黑点。这个小男孩用手指着这黑点说："叭——叭"。虽然这个黑点很小以至几乎看不到，但我可以看出这个小黑点确实表示一辆汽车。一辆汽车按如此小的比例画出来，以致很难发现它，但这却引起了这个小男孩的兴趣，使他觉得有必要指给我看。

我想，这个小男孩的注意力也许还没有被吸引到其他明信片上那些漂亮和有用的图画上。我挑出一张画有长颈鹿的明信片，开始对他解释："看这长的头颈。"这个小男孩脸色阴沉地回答："长颈鹿。"于是，我没有勇气继续讲下去了。

可以这样说，在儿童2岁时有一个时期，他的天性会引导智力逐渐通过一些阶段，直到他充分理解他周围环境中的东西。

我还将提供一些来自我自己经验的例子。我曾经想给一个大约20个月大的小男孩，看一本写给成人看的装饰漂亮的书。这是一本由多雷（G.

Dore)① 画插图的《新约全书》。在该书中复制的名画中，有一幅是拉斐尔（Raphael)② 的《主显圣容》。我让这个小家伙看了这幅画，有耶稣召唤小孩到他身边去的画面，然后开始解释：

"这个小孩在耶稣的怀中。你看，其他小孩头靠着耶稣。所有的小孩都仰视着他，他爱他们。"

这个孩子的脸上没有表示出丝毫的兴趣。这时，他扭动起自己的身体，似乎表示我没有在照管他。我翻着书，开始寻找另一幅图画。突然，这个小男孩说："他在睡觉。"

我对这个小男孩的话困惑不解，问道："谁在睡觉?"

这个小男孩高声地回答："耶稣，耶稣在睡觉。"他示意我把书翻回去。这样，我再一次看了这幅画，它画的是耶稣基督站在高处，正俯视着儿童。他的眼睑下垂，因此就像一个人在睡觉。这个小男孩的注意力已经被没有一个成人会注意到的一个细节吸引住了。

我继续解释这些图画，又停留在一幅画有耶稣基督显现圣容的图画上。我说："看，耶稣升天了，人们是那样的惊恐万分。你看这个小男孩怎样转动着眼睛，这个妇女怎样伸出了手臂?"我认识到，我没有选到一幅合适的图画，我的解释不可能真正对儿童有吸引力。但是，使我感到有趣的是，发现了儿童和成人对这样的一幅复杂的图画所产生的反应是不同的。这个小男孩只是轻轻地咕哝了一声，似乎在说："嗯，继续往下翻。"但他的小脸上没有表示出丝毫的兴趣。我又开始往下翻，看到他抓起了脖子上的像兔子一样的小饰物。然后他叫了声："小兔子!"我想："他被这个小饰物吸引住了。"但突然，他又示意我把书翻回去。我照他所说把书翻回去，发现在《主显圣容》这幅画的一侧确实有一只小兔子。有谁会注

---

① 多雷（1832～1883），19世纪后期法国插图画家。
② 拉斐尔（1483～1520），意大利文艺复兴时期画家。

意到这一点呢？很明显，儿童和成人具有两种不同的智力视野，这不仅仅是一个程度的问题，而且是一个范围由小逐渐变大的问题。

　　成人通常总想给三四岁的儿童看一些普通的东西，好像他们以前从未看见过任何东西似的。但是，这种做法就好像一个人必须对他认为是耳聋的人大声嚷嚷一样。在你做了巨大努力让那个人听到之后，你会听到他的抗议："我一点也不聋！"

　　成人总是以为，儿童仅仅对艳丽的东西、鲜明的色彩和震耳的响声产生敏感。确实，这样强烈的刺激物能引起他们的注意。我们都注意到，儿童会被歌声、钟鸣、随风飘扬的旗帜、明亮的灯光等所吸引。但是，这些强烈的吸引物是外在的和瞬间的，它虽然能引起儿童的注意，但却得益甚少。我们可以把它与我们的行为方式进行一下比较。例如，我们正埋头读一本有趣的书，突然听到管乐队沿街奏乐的响声，就会站起来走到窗前看看发生了什么事。如果我们看到某个人这样做，我们很少会推断说成人特别容易被响亮的声音所吸引。然而，我们却会对儿童下这样的结论。一种强烈的外在刺激可以引起儿童的注意，这个事实仅仅是一种伴随出现的现象，与儿童心理生活的发展并没有真正的关系。儿童全神贯注地凝视着那些我们毫不注意的小东西，从这一现象中我们可以看到儿童存在心理生活的证据。但是，被小东西吸引并全神贯注地看着它的儿童之所以这样做，并不是因为这些小东西给他留下了深刻的印象，而是作为一种"爱的智慧"的表示。

　　对成人来说，儿童的心灵是一个深奥难解的谜。这个谜之所以使成人感到困惑不解，是因为他们是根据它的外在表现，而不是根据它的内在的心理机能来作出判断的。我们必须考虑到，在儿童活动的背后隐藏着一种可以理解的原因。没有某个原因，没有某种动机，他就不会去做任何事情。我们很可能会说，儿童所有的反应都是他自己一时兴致所为，但一时兴致也包含着某些东西。重要的是，这是一个必须解决的问题，一个必须解答的谜。要找到其答案，在一定程度上是困难的，但这是极为有趣的。如果成人要找到这些谜底，他必须对儿童采取一种新的态度，改变他原先的傲慢态度。他必须成为一个学习者，而不是一个盲目的支配者或专制的评判者。在与儿童的关系上成人以支配者或评判者身份出现的情况实在是太多了。

这里，我回忆起一次与一群妇女进行的关于儿童书籍的讨论。那次讨论是在一间画室的角落里进行的。一个 1 岁半大的小男孩在她们的身旁独自安静地玩着。我们的谈话从理论转到更具体的事情，也讨论到为幼儿所写的一些书籍。这时，那位小男孩的母亲说："我有一本书，书名是《小黑人萨姆博》。萨姆博是个小黑人，在他生日那天，他从父母那里得到了许多礼物：帽子、鞋子、长筒袜和艳丽的外衣。当他的父母正在为他准备丰盛的饭菜时，萨姆博急不可待地要炫耀他的新衣服，不打招呼就出门了。在街上，他碰到了各种动物，为了安抚它们，他给每个动物一件东西。他把帽子给了长颈鹿，鞋子给了老虎，等等。最后，他光着身子并流着泪回家了，但是，这个故事结尾是愉快的，因为他的父母宽恕了他，在他面前摆着丰盛的饭菜，这在这本书的最后一幅画可以看到。"

这位母亲把这本书传给其他人看。但是这个小男孩突然说："不，Lola。"当时，所有的人都很惊讶，心想这也许就是一个童年之谜。事实上，这个小男孩不断地重复说那句使人难以理解的话："不，Lola。"

他母亲说："Lola 是曾经照管过他几天的一个保姆的名字。"当时，这个小男孩却开始哭起来了，叫"Lola"的声音比以前更响，仿佛陷入了无意识的情绪之中。最后，有一个人给他看了这本书，他指着最后的一幅画。这幅画并不是在这本书的正文中，而是在封面的背后，画着那可怜的小黑人正在哭。这时，我们才理解他所说的"Lola"的含义。他把西班牙语"llora（他在哭）"发成了"Lola"。

事实是这样的：这本书的最后并没有描绘一种愉快的场面，而在封底的那幅图画上画着小黑人萨姆博正在哭。显然这个小男孩是对的。没有一个人曾经注意到这一点。因此，当这个小男孩听到他母亲说"这故事的结尾是愉快的"时，他提出了抗议。他清楚地记得，书的最后是萨姆博正在哭。很明显，这个小男孩看这本书时比他的母亲更仔细。虽然他不能完整地理解这些妇女的谈话，甚至还不能明确表达一句简单的话，但他精确的观察确实是惊人的。

很清楚，儿童的个性与成人的个性是截然不同的。这是一种性质上的差异，而不仅仅是程度上的差异。

一个注意最小细节的儿童，他必然带着一定程度的轻蔑看待我们成人，因为懂得心理综合的成人知道自己去看什么，而儿童并不知道如何去看东西，儿童把我们成人看成是一个多少有点无能的人。从儿童的角度来看，我们成人不很精确。由于我们对细枝末节不感兴趣，儿童就认为我们迟钝和麻木。如果儿童能够表达自己的观点，他肯定会告诉我们成人，他极不信任我们成人，正如我们不信任他一样，这是因为我们各自的思维方式是不同的。这就是为什么儿童和成人不能相互理解的原因。

# 第四章　成人对儿童的阻碍

## 爱的冲突

当儿童的发展达到他自己能够独立行动的阶段时，儿童与成人的冲突也就开始了。

当然，没有一个成人会完全阻止儿童去看去听，进而阻止他用感知的方式去征服他的世界。认识到儿童具有心理生活的成人准备使儿童的环境条件更加合理，以便促使他的心灵更好地从外界环境中吸收东西。

但是，当儿童开始独立地行动、走路和触摸各种东西时，那就完全是另一回事了。即使一个成人非常热爱儿童，但在他的内心仍然会产生一种强有力的防御本能。那是一种无意识的忧虑感，是缺乏理性和贪婪感的结合，总担心一些东西可能被弄脏或被打碎。

由于这种复杂的和焦急的防御心态与对儿童的爱发生了冲突，成人认为儿童的存在给了他最大的欢乐，他自己也准备为儿童牺牲一切，以及用一切来满足儿童。现在，有两种心理状态，即成人的心理状态和儿童的心理状态，它们存在着极大的差异。如果这两种心理状态不做一些必要的调整而使儿童和成人生活在一起，那几乎是不可能的。这里存在着一个严重的问题，那就是在家庭中如何对待儿童的问题。

我们不难看到，实际生活中这些调整是完全不利于儿童的，他的社会地位是十分低下的。儿童身上那些与成人环境不相协调的行为将不可避免地被成人所制止，成人并没有意识到自己的一种防御心态，却反而认为自己确实对儿童有着无私的爱和奉献的精神。弗洛伊德指出，贪婪自私正是产生这样的冲突的根源。确实，成人的这种无意识的防御心态只有在掩饰下才充分表现出来。成人的贪婪感被"有责任培养儿童的良好习惯"掩饰起来了，这种贪婪感使他小心翼翼地保护自己所拥有的任何东西。成人担心他的安宁被打扰，然而，这种担心在"为了维护儿童的身体健康，要让儿童多睡些"的幌子下被掩盖了。

一个缺乏文化教养的妇女可能会对她的小孩大声喊叫和打骂，并把他从家里赶到街上，以便儿童不打扰她。但过后，她又会亲昵地抚摸他和热情地吻他，以表明她是多么体贴并爱着小孩的。

社会的上层家庭所固有的形式主义使他们只接受某些态度，例如，爱、献身、责任感和外表上的自我控制等。不过，这些阶层的母亲比低下阶层的母亲更乐意摆脱子女对她们的纠缠。她们把自己的孩子托给保姆，让她带他们外出散步或哄他们睡觉。

这些上层家庭的母亲对她们所雇佣的保姆显得耐心、仁慈，甚至很谦恭，这就表明，即使她们不讲什么，这些保姆也已真正懂得，只要使讨厌的孩子离得稍远一点，主人就会容忍一切。

儿童刚学走路，开始为自己的活动自由而欣喜时，他就遇到了一群巨人阻拦他的每一个举动。儿童所处的情境与摩西（Moses）① 把希伯来人带出埃及时的情境很相似。当他们克服沙漠的艰难困苦后，刚踏进绿洲时就

---

① 摩西，圣经故事中犹太人的古代领袖。

面临着战争。对亚摩利人①的顽强抵抗的痛苦回忆，使他们充满着恐惧，以致漫无目标地在沙漠里徘徊四十年去寻找他们可以宁静地生活的地方，许多人因精疲力竭而不是因战争而死去。

保护自己的财产使其免遭侵犯，这几乎是人的自然法则。在那些处于冲突的民族中，这种倾向可能变得更为强烈。这种本能性的自我保护的根源，深深地隐藏在人类心灵的潜意识中。这种令人痛苦的现象最早可感知的、最细微的表现，就是成人注意保护自己的安宁和财产，免遭新一代人的侵犯。尽管成人做出了努力，但这种侵犯并没有被制止。他们拼命地战斗着，因为他们是为自己的生存而战斗。

在父母的关爱和儿童的天真无邪之间所发生的这种冲突是潜意识和在隐蔽状态下进行的。

## 睡眠

成人往往会心安理得地说："儿童不应该到处乱跑。不应该碰我们成人的东西，不应该大声说话或喧嚷。他应该多躺一会儿，应该吃和睡。"还认为，儿童"最好"到户外去，哪怕与一些不相识的人在一起也无妨。那些懒惰的父母会为他们自己选择一条最轻松的道路，那就是打发自己的孩子去睡觉。

谁会否定儿童需要睡觉呢？但是，如果一个儿童那么机灵和那么快地服从了，从本质上来看，他就不是一个"喜欢睡眠的人"。他需要而且也应该得到正常的睡眠时间。但是，我们必须区分什么是适宜的，什么是人为的。我们知道，一个强者可以通过暗示把他自己的意志强加于弱者。一

---

① 亚摩利人，古代一游牧部落。据《圣经》记载，亚摩利人是犹太人的敌人。

个强迫使儿童睡眠时间超过他自己需求的成人，就是在通过暗示的力量潜意识地把自己的意志强加给儿童。

一些没有受过教育的母亲会公开要求他们的孩子去睡觉。乡下农民知道怎样准备一种枕头使他们的孩子睡眠时间长一点。但我们可以说，一些成人，无论他们是博学的或无知的父母，还是照管婴儿的保姆，一般都同意要督促这个充满生气的和活力的人去睡觉。在那些富裕家庭里，几个月大的婴儿，或 2 岁、3 岁、4 岁的儿童都被责令要过量睡眠。然而，在一些贫困家庭里情况并非如此。这种家庭的孩子整天满街奔跑，成人并不哄他们去睡觉，因为他们并不是父母厌烦的东西。通常，这些贫家子弟比富家子弟安静一些。人们认为，就像饮食和新鲜空气一样，"长时间睡眠"对儿童的健康来说是必要的。他们认为被称之为"儿童的植物似的生活"是必然的。我记得，有一个 7 岁的男孩对我吐露，他从来没有看见过星星，因为他父母总是在夜色降临之前让他去睡觉。他跟我说："我很想在某个晚上到山顶上去，躺在地上看着星星。"许多父母夸耀他们的孩子习惯于一到黄昏就去睡觉，其实这是为了他们自己可以自由地外出。

为儿童准备的那些床是专门做的和可以移动的。把柔软和美丽的装有围栏的儿童小床和宽敞的成人大床相比，在成人的床上睡眠可以更加舒适。儿童的小床是专门为他准备的一个监禁的场所，根本没有考虑他是一个有心理生活的人。儿童睡眠在小床上，就像一个被监禁的人。这是成人建造的，也是对成人有好处的。因此，儿童受到的限制越来越多，他的自由也越来越少。在儿童的周围，只有缺乏温暖的监禁场所。

儿童的小床就像一只放在高处的鸟笼，这样，成人照管他时就不必俯身弯腰，而且离开时也不必怕他跌下来。尽管儿童可能会哭起来，但不会使他自己受到伤害，而且，儿童的房间是用窗帘遮住的，光线进不来，第二天的阳光也不会唤醒他。儿童必须在傍晚时就去睡觉，以便给他的父母自由；而他早晨又最好醒得迟一点，以免打扰睡得晚的父母。

　　能够给予儿童心理发展帮助的方法之一，就是给他一张适应他的需要的床，以及不让他睡眠的时间过长。儿童应该具有这样的权利：他疲倦的时候就去睡觉，当他睡够了就醒过来，当他想要起床时就爬起来。所以，我们建议，像许多家庭所做的那样，应该废除儿童小床。给儿童一只矮床，实际上它是贴在地板上，这样就可以随他所愿躺在那儿和起床。这一简单的改进将克服许多看起来似乎很难解决的困难。一张几乎贴在地板上的小床是很经济的，像所有改革一样将有利于儿童的心理生活。因为儿童需要的是一些简单的东西，复杂的东西往往阻碍他的发展而不是促进他的发展。在许多家庭里，已经这样做了，通过把一张小床垫放在地板上，并覆盖一条柔软的大毯子，因而改变了儿童的睡眠习惯。这样，一到晚上儿童就可以高兴地与成人道晚安后自个儿去睡觉，早晨起床也不闹醒任何人。诸如此类的例子表明，成人把自己的意志强加给儿童，在照管子女时把自己也弄得精疲力竭，这是多么大的一个错误啊！实际上，由于他们这种防御性心态的驱使，他们一直在违背儿童的需要，而这件防御性心态是可以克服掉的。

　　从所有这一切，我们可以看到，成人应该努力了解儿童的需要，最好给儿童提供一个适宜的环境，使他们得到满足。只有这样，才能开创一个教育的新纪元，从而给儿童的生活带来真正的帮助。成人必须不再把儿童看作是一个物品，当他幼小时，把他当作一件东西提起来并拎东拎西；当他长大一些后，唯一的就是服从成人。成人必须认识到，在儿童的发展中，他们只能起一个次要的作用。但是，对于任何要使儿童的生活更加理性的努力来说，这一观点是一个难以克服的障碍。成人必须努力理解儿童，这样他们才能支持和帮助儿童发展。这应该是儿童母亲的目的和愿望，也应该是所有教师的目的和愿望。因为儿童比成人弱小，所以儿童要发展他的个性，成人必须控制他自己，努力领会儿童的表达。而且，成人应该把这当作是一种特殊的事情，使自己能理解和追随儿童。

## 行走

成人所遵循的行为方式应该是放弃他自己的优势，使自己适应于生长中的儿童的需要。

高等动物是本能地使它们自己适应于幼崽的需要的。极为有趣的是当一头小象被它的母亲带入成年象群时，这些庞大的动物就把自己的步伐减慢到幼仔的步伐：当小象疲劳停下来时，它们也都会停下来。

在各个国家中，我们都可以发现对儿童有类似的照顾。有一天，我看到一位日本父亲，正带着他年幼的儿子在散步。我跟在他们后面，突然发现这个大约 1 岁半的小孩，用手臂抱住他父亲的腿。这位父亲站在那里不动，让这个小孩围着他的腿转并把这当作与儿童做游戏。当小孩做完了游戏后，这两个人又开始了缓慢的散步。隔了一会儿，这个小孩坐在路边，这时他父亲仍然站在他身边。这位父亲的脸是严肃的，但又是自然的。他没有做任何不寻常的事，仅仅是作为一位父亲带着他的儿子在散步。

一个儿童应该外出散步，因为这种散步最适宜于正在学习如何协调许多不同动作的儿童，使他获得平衡感。我们必须认识到，儿童学走路需要这种协调的动作。

虽然人像其他动物一样有肢体，但他必须用两条腿，而不是用四肢行走。猴子甚至有长长的手臂，这些手臂可以成为它们在地上行走时的辅助物。人是唯一实际上完全依靠他的两条腿平衡地走路的动物。四足动物行走时，它们抬起对角的两条腿让另两条腿着地，并交替轮换着，但人走路时，他先用一只腿支撑自己，然后换另一条腿支撑。大自然实际上已经解决了这个行走运动的难题，但采用的方法不同。动物通过本能学会行走，但人是通过个人的主观努力学会走路的。

儿童行走能力的发展是通过走路获得的，并不是仅仅等待这种能力的降临。父母欣喜地看到孩子迈出的第一步，这一步实际上是对自然的一种征服，标志着儿童从 1 岁进入 2 岁。对儿童来说，学会走路是第二次诞生，他从一个不能自主的人变成一个能行动的人。在心理学中，这种功能的出现是儿童正常发展的主要标志之一。但是，在这第一步之后，他仍然需要经常的实践，取得平衡和稳健的步伐是个人持续努力的结果。我们知道，当儿童开始走路的时候，他受到一种不可压抑的冲动的驱使。他是勇敢无畏的，甚至有点莽撞，就像一个士兵一样，不管遇到什么困难，他都冲向胜利。正因为这个原因，促使成人用防护设施把他们围起来，这些设施就是许多障碍物。即使儿童的腿已经强有力了，他们仍然把儿童关在学步栏里练习走路；当他们带儿童外出时，即使他能够走路了，成人仍把他放在手推车里推来推去。

由于儿童的腿比成人短小很多，没有耐力走长路，他就必须自己适应那些拒绝放慢自己脚步的成人。即使带儿童外出的成人是一位保姆，也是儿童去适应保姆，而不是保姆去适应儿童。也就是说，保姆将按她自己的步速直接走到室外活动的目的地，她推着载小孩的手推车，似乎推的是去市场买蔬菜的小推车。只是当她到了公园时，她才让小孩走出手推车。她坐下之后，允许儿童在草坪上走动，但她两眼始终注视着他。她所做的这一切仅仅是考虑儿童的身体，即他的"植物似的身体"，必须避免可能发生的危险，在这个过程中她根本就不考虑儿童心理生活发展的基本需要。

1 岁半到 2 岁大的儿童实际上可以走好几英里路，以及爬斜坡和梯子等有一定难度的动作。但是与我们成人相比，两者的行走有着截然不同的目的。成人的行走是要到达某个外在的目标，结果他直接走到那里。然而，儿童虽然有他自己的步速，但这种步速几乎是机械地带着他前进。幼儿的行走是为了完善他自己特殊的功能，他的目的就是为了发展他自己。他步伐缓慢，这是一种看上去既没有节奏也没有目的的步伐，他的行走是被他所直接看到的周围物体所引起的。如果成人要帮助这个儿童，他必须放弃自己的步速和他自己的目的。

在意大利那不勒斯，我曾经看到一对年轻夫妇，他们最年幼的孩子1岁半。在夏季到海边去时，他们必须沿着一条陡峭的路，差不多走一英里的下坡路，任何运输工具都是无法通行的。年轻的父母要自己带小孩，但他们发现抱在怀里太累人了。后来，儿童他自己解决了这个问题，他能走完这个全程。他有时停下来看花，有时坐在草坪上，有时站着看动物。有一次，他呆呆地站了几乎15分钟，凝视着一头放牧的驴子。所以，这个儿童可以不知疲劳地每天往返这条漫长而艰难的道路。

在西班牙，我认识两个年龄在2岁到3岁的儿童，他们能够行走一英里多的路。还有许多其他的儿童，他们能够一个多小时在窄而陡的梯子上上下下。

说到爬梯子，使我想起，有些母亲对自己孩子"不听话"的表现感到忧虑。有一位母亲曾经就她的小女孩发脾气的事情问我，这个小女孩只是在几天前才开始学走路。但任何时候，这个小女孩只要一看到梯子就尖叫起来，当有人抱她上楼梯或下楼梯，她就几乎激动得发疯。她母亲认为，很可能自己误解了孩子激动的原因。似乎不可理解的是，只要抱着这个小女孩上下楼梯她就变得眼泪汪汪和如此的激动。她母亲认为，这可能仅仅是一种巧合。但是，这清楚地表明，这小孩只想自己爬上爬下楼梯。楼梯的台阶对她更有吸引力，她可以把手搁在台阶上，或坐在台阶上。而在旷野上行走时，她的双脚被草遮没，也找不到任何搁手的地方。然而，允许她行走的唯一场所就是这些地方，而且还要成人牵住她的手或把她放在童车里。

我们很容易看到，儿童喜欢行走和奔跑，滑梯上总是挤满着儿童，他们爬上滑下，坐下站起。贫困家庭的孩子在街上奔来奔去，毫不费力就能避开车辆，甚至能在汽车和卡车的门旁攀拉座位。尽管这是危险的，但它可以避免富裕家庭的孩子的一种潜在可能性，不会因为羞怯而变得迟钝，以致最终变得懒散起来。这两种儿童在他们的发展方面都没有得到真正的帮助。贫困家庭的孩子被抛弃在街上这种危险的环境中，而富裕家庭的孩子则处于太多的东西包围之中，这些东西是用来使他远离这种危险的环境。

儿童处于正在成为一个成人并进而使人类得以延续的过程之中，但正如弥赛亚（Messiah）① 所说的：他"无处容身"。

## 手与脑

使我们感到有趣的是，被心理学家认为是儿童正常发展标志的三大步骤中，有两项涉及运动，那就是开始走路和开始说话。所以，科学家把这两种运动功能看作是一种星占图，从中可以看到儿童的未来。实际上，这两种复杂的运动表明，儿童在获得运动和表达的手段上已经赢得了第一个胜利。但如果就语言等同于思维的表现而言，语言是人的专门特征，而行走是人与其他动物所共有的。动物不同于植物之处在于，自己能到处跑动。当这种运动是通过一些特殊器官而产生时，行走就成为一种基本的特征。然而，即使人在空间运动的能力是如此巨大，以致它可以使人绕行整个地球，但行走本身并不是一个有智慧的人的专门特征。

————————

① 弥赛亚，犹太人期望中的复国救主。

相反地，与人的智慧最紧密相关的运动，是手的运动，它为人类的智慧服务。我们知道，从人类最早用作工具的经过削凿和磨光的石块可以推断出，在史前期的某些地方已经有最早的人的存在。这种运用工具的能力标志着，有生命的机体在生物发展史上进入了一个新的阶段。当通过手的劳动把言语记载在石块上时，言语本身已成为人类历史的记录。就人而言，人的特征之一就是手的自由，人能自由地运用他的手。他的手成了智慧的工具，而不是运动的手段。正因为这种功能，人使他的手服务于智慧，人类的进化不仅使人占有一个比其他动物更高的地位，并且还通过其运动显示出人是一个机能联合体。

人的手是如此的精细和复杂，它不仅能使智慧展现出来，并且使整个人跟他的环境建立了特殊的关系。我们甚至可以说，人是靠手而占有环境的，并在理智的指导下去改变环境，进而去完成他在地球上的使命。

所以，如果我们想评价儿童的心理发展，我们就应该根据他们最初呈现的现象，即语言的出现和手的运用。从而来考虑他们的心理活动。我们应该研究言语的出现以及手在劳动中的运用，这是合乎逻辑的。

人通过潜意识本能认识到心理的这两种外部表现，即言语和手的重要性，而且有时把它们看作是人类的专门特征，这仅仅是与成人的社会生活相关的某些形式。例如，当一个男人和一个女人结婚时，他们就携手"盟誓"。当一个男人订婚时，他"做出许诺"：在问一个女人是否愿意嫁给他时，他"拉住她的手"。在宣誓时，他举手宣读誓言。手还运用在宗教仪式中，这时它强烈地表现了一种自我。彼拉多（Pilate）① 为了推卸他对耶稣的死所负的责任，在公众面前既是真的又是象征性地洗他的手。在开始进行弥撒的一些最严肃的程序之前，祭坛上的神父总是说："我将在无罪

---

① 彼拉多，罗马帝国驻犹太的总督，曾主持对耶稣的审判。

的臣民中洗手。"当他讲这些话时，他实际上他洗的是手指，因为他在上祭台之前早已把手洗干净了。

这些不同的例子表明，人们如何潜意识地把手当作内在"自我"的一种表现。如果确实如此的话，那就没有什么东西能够比在这种基本的人类活动中儿童的手的发展更令人惊叹和更加神圣的。因此，我们应该真诚地期待着儿童第一次朝着外界物体伸出小手的举动。这是儿童的小手第一次有智慧的举动，其最初的举动代表了他的自我要进入这个世界的努力，成人对这种举动应该表示赞美。但恰恰相反，成人害怕那些小手伸出去拿一些本身实际上毫无价值和不重要的东西，他千方百计想把这些东西隐藏起来，不让儿童拿到。他总是说："不要碰！"正如他不断地重复说："别动！静下来！"就在这种潜意识的阴影中，潜藏着成人的一种焦虑，并筑起了一道防线，还请求其他人的帮助，似乎他们必须跟一种正在侵犯他的财产和安宁的力量作秘密的斗争。

为了形成儿童最初的心理结构，在儿童的环境中必须有一些他能看和听的物体。由于他必须通过自身的运动和手的活动，才能发展自我，因此，他需要有一些能使他工作的物体，以便给他提供"活动的动机"。但是，这种需要在儿童的家里被忽视了。儿童周围的东西都属于成人所有，并为成人所用。对儿童来说，这些东西是禁忌之物，他"不许碰任何东西"。如果儿童碰了一些被禁止碰的东西，他就要受到体罚或责骂。如果一个儿童成功地抓到了某个东西，他就好比发现了一块骨头并躲到角落里去啃的饥饿的小狗，试图从并不能给他营养的物体中寻求营养，还害怕有人会把它抢走。

儿童的运动不能归咎于一种偶然性。他是在他的自我意识指导下，对有组织的运动建立起必不可少的协调。依靠无数的协调经验，他的自我把他的内在精神和他的表达器官组织和协调起来。儿童必须能自由地决定和完成他自己的行动。由于他正处于塑造自我的过程之中，因此，他的运动有一个专门特征，即它不是单纯偶然的或随机冲动的结果。儿童并不仅仅是无目的地奔跑、跳跃和拿东西，从而使屋间里狼藉满地。他的建设性活动是从其他人的活动中获得启示的。他努力模仿成人使用或操纵物体的方式，试图像成人一样去做。所以，儿童的活动与他的家庭和社会环境有着直接的联系。他想要去扫地、洗盘子或洗衣服、倒水、洗澡、梳头、穿衣，等等。儿童的这种天赋倾向可称为"模仿"。但是，这种表述并不确切，例如，它不同于猴子的模仿行为。儿童的建设性活动起因于一种心理结构，它们具有一种智慧的性质。认识总是先于活动，儿童的心理生活总是支配着他的活动。当儿童要做某件事时，他事先已经知道这是什么；他看到其他人在做某件事，他就渴望自己去做。在儿童的语言发展中，我们可以看到相同的情况。儿童获得的语言就是他从周围听到的。他的记忆力使他记住以前所听到的词汇，但是，他是根据某个时候的需要来运用词汇的。在词汇的运用上，儿童并不像鹦鹉。儿童在语言上的模仿是一种性质截然不同的行为。这种区别是非常重要的，因为一方面它表现了儿童和成人之间的关系，另一方面这种区别使我们对儿童的活动有了一个更深入的理解。

## 有目的的活动

在儿童能够像成人那样明确地以一种合乎逻辑的方式行动之前，他已经开始为自己的目的而行动，他使用物体的方式对成人来说常常是不可理解的。这种情况通常发生在 1 岁半到 3 岁的儿童身上。例如，我曾经看到一个 1 岁半大的儿童，他发现了一叠刚刚烫平的餐巾整齐地堆在一起。这个小家伙拿起其中一块餐巾，极小心地捧着它。他把一只手放在餐巾上面，使折叠整齐的餐巾不致散开并穿过房间走到斜对面的角落，把餐巾放在那里的地板上说"一块"。然后，他像来的时候那样又返回去。这表明他受到了某种特殊的敏感性的指导。当他穿过房间之后，用同样的方式拿起第二块餐巾，小心翼翼地捧着它并沿着同样的路线行走，把它放在第一块餐巾上，又说了一遍"一块"。他重复着这项工作，直到把所有的餐巾都拿到斜对面的角落为止。后来，他把这个过程倒过来，把所有的餐巾一块一块又放回原先的地方。虽然这堆餐巾不像最初所放置的那样完美，但仍然折叠得相当好，虽然堆放得有点倾斜，但实际上还是整齐的。对这个儿童来讲，幸运的是，在这漫长的搬运过程中，家中一个人没有。儿童不知听到多少次成人在他们背后大声叫喊："停下！把它放下！"为了教训儿童不要碰东西，他们细嫩的小手不知挨了成人多少次打啊！

使儿童入迷的另一项"基本"工作是取下瓶盖子，然后再把它盖上。尤其，当这种盖子是一种可反射出彩虹色彩的雕刻玻璃瓶上的盖子时，这种情况就更为突出。取下和盖上瓶盖子的工作，似乎是他们喜欢的一项工作。儿童喜欢的另一项工作是，把大的墨水瓶或盒子的盖子拿起来又盖下去，或者打开和关上橱门。儿童和成人为了一些东西经常发生冲突，这是完全可以理解的，因为这些东西对儿童有一种天然的吸引力，但由于它们是母亲或父亲桌子上的东西，或者是起居间家具的一部分，而禁止儿童碰它们。这种冲突的结果常常是以儿童被认为"不听话"而告终。其实，儿童实际上并不真正要这样一个瓶子或墨水瓶。只要允许儿童用某些东西进行同样的活动，他都会满意的。

诸如此类的活动是儿童的基本活动，它们没有逻辑的目的，可以被看作是人作为最初阶段的活动。在这个准备时期，我们已经为很年幼的儿童设计了一些感官材料，例如，由大到小的一系列圆柱体，它们正好可以嵌入木板上大小不同的洞孔之中。由于这些感官材料能满足儿童生活中某个时期的需要，因此，获得了很大的成功。

让儿童自由这个思想按理说是很容易领会的，但是，在成人的心里存在着根深蒂固的障碍，因而使这个思想很难实现。一个成人，即使他想同意儿童的要求，让儿童自由触摸和搬运东西，也将会发现他无法压抑内心的某种冲动，这种冲动导致他去禁止这个儿童这么做。

在纽约，一位很熟悉这个思想的年轻妇女，渴望把这个思想在她的2岁半儿子的身上实施。有一天，她看见她的儿子把装满水的一只水罐从卧室拿到客厅里去。她注意到，他处于高度的紧张之中，在尽力缓步地穿过这个房间时不停地告诫他自己："当心！当心！"这水罐很重，孩子的母亲终于感到必须帮助他了。于是她拎起这水罐，把它拿到他想拿去的地方。但是，这个孩子很伤心，感到受了伤害。他的母亲承认是她造成了孩子的痛苦，但又认为，她自己的行为是正确的。她说，虽然她认识到她孩子正在做的事情是必要的，但是，她又觉得，让孩子自己搞得精疲力竭，而且浪费很多时间，似乎是不适当的，因为她只要一刹那就可以完成这件事。

当这位妇女询问我的意见时，她对我说："我知道我做错了"。我考虑这个问题的另一个方面，不让儿童自己去做的想法产生于成人要保护自己的财产的本能。我问她："你有诸如杯子一类的好瓷器吗？让你的孩子拿一件这种轻巧的东西，看看会发生什么事。"这位妇女听从了我的建议。后来她告诉我，她的孩子小心地拿着杯子，每走一步都要停一停，直到最后安全地把杯子拿到了目的地。在整个过程中，孩子的母亲心里交织着两种心情：一种是为她儿子在工作而感到高兴；另一种是为她的杯子而担心。由于两种心情是平衡的，因此她让儿子完成了这项工作，这项工作是她儿子如此渴望要做的，对他的心理发展是极为必要的。

另一次，我把一块抹布给一个才14个月大的小女孩，这样，她可以做些清洁工作。当她坐下来时，她用抹布擦了许多有光亮的东西，并对自己的工作显得十分高兴。但是，她的母亲却有点反对把抹布给她女儿，认为如此幼小的儿童不需要按所谓的卫生习惯去做。

一个对儿童工作本能重要性不理解的成人，往往会对儿童工作本能的第一次展现感到不可思议。成人认识到，他必须做出某些巨大的牺牲。他必须克制他自己的个性和放弃他的环境，但这些是与他的日常社会生活极不相容的。在成人环境中，儿童肯定是一个社会以外的人。但是，要把儿童完全排除在这个环境之外，就如当今仍在做的那样，那就会阻碍他的成长，这好像我们不许他学习说话一样。

为了解决这个冲突，我们要为儿童准备一个适宜的环境，使他可以更好地展现他自己。当儿童说第一句话时，并不需要为他准备任何的东西，因为他的牙牙学语在家里人听来是一种欢乐的声音。但是，他的小手要求一种"工作的动机"，以便采取与他的工作目的相适应的形式。我们常常会发现，儿童在活动中所花费的努力超出我们估计的儿童体力的可能范围。我有一张照片，照片上一个英国小女孩拿了一只大面包，面包如此之大，以致她双手无法承受，不得不把它紧靠在身体上。她被迫挺着肚子走路，因而不能去看自己的脚该往哪里踩。在这张照片上，还有一只狗伴随着她，她也一直在这只狗的视线范围内。这个情景确实很紧张，似乎到了就要奔上去帮助她的那一瞬间。照片的背景是一群成人都在注视着她。他们必须做出很大的努力来克制自己，不要冲过去帮助孩子拿面包。

有时候，在一个适宜的环境中，年幼的儿童在工作中展现了一种早熟的运动技能和精确性，那肯定会使我们赞叹不已。如果成人专门为儿童准备了一个环境，那么他们将在儿童世界中产生复杂的社会作用。我记得，一个2岁大的小男孩给我留下了很深的印象。这个很有号召力的小孩子为接待其他相同年龄的儿童，在整理桌子和打扫房间等。在这些有意义的工作中，他一直处在两支明亮的蜡烛光的照耀之下，他的母亲也开始准备他的生日蛋糕，这样他就把一些事情的本身意义混淆了，以致他走来走去对人说："我2岁了，我有2支蜡烛。"

## 节奏

　　成人如果不理解儿童在活动中需要运用他的手，不把手的运动看成是儿童的工作本能的第一次展现，就可能成为儿童工作的障碍。这并不能都归咎于成人的一种防御心态，可能还有其他的原因。其中一个原因是，成人注意的是他自己行为的外在目的，并根据自己的想法来确定采用何种方法。对成人来说，有一条自然法则，即"最大效益法则"。这引导他运用最直接的方法，在尽可能短的时间内达到他的目的。当他看到一个儿童正在作巨大的努力做某些似乎没有成效和幼稚的事情，而这些事情他自己一瞬间就可以做完而且做得更完美，这时他就感到痛苦，就想去帮助这个儿童。成人看到，儿童对于琐碎的或毫无用处的东西特别有热情，这是可笑的，甚至是不可理解的。当一个儿童发现桌布斜了，他就想起桌布应该怎样铺，他试图用他记得的方法把它铺好。如果他能这样做的话，虽然他做得很慢，但却包含着他的全部精力和热情。因为记忆是儿童心理的主要任务。对于这个发展阶段的儿童来说，把一些东西整理好是一种令人欣喜的行动。儿童只要通过自己的努力，即使没有成人的帮助，也是能够做好事情的。

　　如果一个儿童要自己梳头，成人并没有为这种可贵的想法感到高兴，反而认为是对他个人的一个攻击。他知道儿童不可能很快地梳好头，也不可能很好地达到他的标准，而成人却能把儿童的头发梳得既快又好。这时，尽管这个儿童正在进行一种令人欣喜的建设性活动，但他看到成人走过来拿起梳子，说必须由成人来梳，他觉得成人是一个强有力的巨人，与成人争辩是毫无用处的。当成人看到儿童试图穿衣服或系鞋带时，也会发生同样的情况。儿童所有的想法都会受到阻拦。成人变得恼怒起来，这不仅因为儿童试图去进行一种没有必要的活动，而且还因为儿童的不同节奏以及他的不同的行为方式。

节奏并不是一种可以随意改变的东西，而是一种需要重新理解的观念。每一个人在他的活动中都会有一种节奏，它是人的一种内在特征，几乎就像一个人的体形。当其他人的活动节奏跟我们的相接近，我们就会感到高兴，但是当我们被迫使自己去适应他人的节奏时，我们就会感到痛苦。例如，当我们必须跟一个局部瘫痪的人一起走路时，我们就会感到一种痛苦。如果我们看到另一个中风的人用颤抖的手缓慢地举杯到嘴唇时，他的缓慢动作与我们的自由行动之间的强烈反差会使我们感到痛苦。如果假定我们要帮助他，我们就会用自己的节奏来代替他的节奏，由此使我们从痛苦中摆脱出来。

成人对儿童的做事行为与此有点相似。成人潜意识地阻止儿童进行那些缓慢和看似笨拙的活动，正像他不得不驱赶使他烦扰的苍蝇一样。

然而，当儿童用一种强烈和迅速的节奏进行活动时，成人倒能容忍了。他接受充满生气的儿童在他的环境中所造成的无序和混乱。这时，成人会"耐心地袖手旁观"，因为他注意到了一些事情是清晰和可以理解的，成人总是能控制他的有意识的行为的。但是，当儿童的动作缓慢时，成人就感到不得不进行干预，以自己的行动代替儿童的行动。但是，在这样做的时候，成人并不是在儿童的最基本的心理需要上帮助他，而是在儿童想要由他自己做的所有活动上代替他。成人阻止儿童自由地行动，因此他自己成了儿童自然发展的最大阻碍。不要其他人帮他洗澡、穿衣或梳头的"不听话的"儿童绝望的哭叫，揭示了人类最早的和富有戏剧性的斗争，即儿童要靠自己的努力以求得生长。

谁会想到，成人给儿童不需要的帮助竟是儿童将经受的所有压制中的第一种压制，而且这种压制将对他以后的生活产生最严重的后果呢？

在日本人的心里有着一种有关儿童痛苦的根深蒂固的观念。作为对死者祭礼的一部分，他们会在儿童墓前放置一些小石块或类似的物体。儿童的父母在坟墓前所放的小石块，能帮助儿童免受因另一个世界的恶魔继续对他们的攻击而遭受的痛苦。当儿童正在建造一些东西时，恶魔将撞倒它和毁坏它。但是，由于他的父母的真诚关爱而提供的那些小石块将能帮助他进行重建。死去的儿童遭受痛苦这个观念是最难忘的一个例子，表明我们已经潜意识地解释来世。

## 人格的替换

成人通过他自己的行动来代替儿童的行动，不仅仅表现在行动方式上，而且可以微妙地把他自己的意志强加于儿童。当这种情况发生时，那已不是儿童在行动，而是成人替代儿童在行动。

夏尔科通过他在著名的精神病医院里所进行的实验研究证明，通过催眠可以实现癔病患者人格的替换，这引起了很大的轰动。他的实验似乎削弱了以前被当作是人格的一个最基本的特征，即人是他自己行为的主人的观念。但是，夏尔科从实验中证实，一种暗示可能使被试者失去他自己的人格，而接受催眠者的人格。这些实验虽然数量很少和仅在诊所里进行，但是，它开辟了一个新的研究领域，这种现象导致了对双重人格、潜意识、升华的心理状态的研究，最后趋向通过心理分析去探究潜意识领域。

当儿童在童年期开始意识到自我时，他正处于一个个性形成和敏感性发展的过程，因此他处于一种创造性的状态，特别容易受到暗示。在这个时期，成人自己的人格能够悄悄地潜入儿童之中，用他自己的意志激发儿童的意志，使儿童产生变化。

我们发现，在我们的学校里，如果我们过分热情或者用夸张的动作给儿童示范如何做某些事情的话，儿童根据他自己的人格进行判断和行动的能力就会受到我们的压抑。可以说，一种活动与应该支配它的儿童自身分离开来，而由另一个自我来替代的话，虽然这个新的自我更强有力，但它并不属于儿童。这个外来的自我几乎剥夺了儿童自己尚未成熟的人格。通常，成人并不愿意这样做。虽然他能够通过所谓催眠的暗示来支配儿童，但他并不希望或有意识这样做，甚至还没有认识到这种影响的存在。

在这方面，我个人碰到的一些例子可能是很有趣的。有一天，我看到一个大约2岁的儿童把一双鞋子放在白床单上。我没有多加思考就冲过去拎起鞋子，把它们放在房间角落里，并说："它们是脏的。"然后，我又用手把床单上放过鞋子的地方掸了掸。自这件事发生之后，这个小家伙无论何时只要看到鞋子就会奔过去拎起它们说："它们是脏的。"虽然鞋子并没有在床上放过，但他又会走到床边，把手按在床上，似乎在掸它。

还有一个例子。一位年轻妇女收到一个包裹，她对这件礼物表示很高兴。她打开盒子后，发现里面有一块丝手帕，就立即把这块手帕给了她的小女儿，还有一只喇叭，她就放到嘴上吹了起来。这个小女孩高兴地叫起来："音乐!"隔了一段时间以后，这个小女孩只要一拿到一块手帕，就会兴奋起来并说："音乐!"。

成人的禁令特别容易对儿童的行动产生一种约束力，但在激起儿童的反应时，这些禁令并没有如此强烈的作用。这种现象主要发生在有教养的和能自我约束的成人，尤其是来自那些文雅的保姆中间。有一个很有趣的例子，一个大约4岁的小女孩独自与她的外祖母住在她自己家里。这小女孩想打开花园里人造喷泉的龙头，以便看到喷水，但正当她要这样做的时候，突然把手缩了回来。她的外祖母鼓励她去打开龙头，但这小女孩回答说："不，保姆不许这样做。"于是，这位外祖母试图劝说她，对她说我允许你这样做，并指出这是在她自己的家里。这个小女孩既高兴又满意地笑了起来，所有一切表现出她渴望看到喷水，她伸出了手，但并没有开龙头，最后又把手缩了回来。来自那位并不在场的保姆的一个禁令比就在这个小女孩身边的外祖母的劝说具有更大的约束力。

一个有点类似的例子是有关一个稍大一些的儿童，他是一个大约 7 岁的男孩。当他坐着并看着远处吸引他的某个东西时，他站起来准备朝那个东西走去，但是，他又退了回来并坐下来，他似乎由于无法克服意志的动摇而感到痛苦。谁是阻止他起步的"主人"呢？没有人知道，因为这在儿童的记忆中已荡然无存。

儿童对暗示的敏感性，可以理解为是他们的一种内在敏感性的扩张，能帮助儿童心理的发展。这是内在敏感性的一个特点，我们可以称之为"对环境的热爱"。儿童总是渴望去观察事物并被它们所吸引，但他特别容易被成人的行动所吸引，进而模仿它们。在这方面，成人可能有一种使命：那就是激励儿童去行动，成为一本打开的书，儿童通过这本书可以指导自己的行动，以及学会如何正确行动。但是，如果要能够这样的话，成人就必须始终平静地和慢慢地行动，这样，正在注视着他的儿童就能清楚地看到他的行动的所有细节。如果成人不是这样做，相反采用他惯常急速的和强有力的节奏，那他就不是激励和教导儿童，而可能是把他自己的人格强加在儿童的身上，以及通过暗示使他自己替代儿童。

即使是一些感官对象，只要它们对感官是有吸引力的，就能对儿童产生一种暗示力量，正如磁铁一样吸引住各种各样的东西。一部记录了莱文教授的有趣的心理学实验的影片，清楚地说明了这个问题。他的实验目的是，识别来自我们一些学校的身心有缺陷儿童和正常儿童对同一物体的不同行为。这两组儿童的年龄相仿，环境也相同。

在这部影片中，我们可以看到，实验者准备了一张长桌子，桌上放着许多不同的物体，包括我们设计的一些感官材料。一组儿童正走进教室。他们对面前的各种物体很感兴趣，很快就被吸引住了。他们充满活力并露出了微笑，对他们自己处于那么多不同的物体之中感到很高兴。每一个儿童拿起一件东西就开始工作了，然后他把它放在一边，又拿起别的东西干起来了，如此重复，从一项工作到另一项工作。这是一种情景。

在影片的下半部中，我们看到，第二组儿童正走进教室。他们慢慢地走着，停下来看看四周。他们很少拿这些物体，而只是在它们周围懒散地站着。这是另一种情景。

这两组儿童中，哪一组是由身心有缺陷的儿童组成的，哪一组是由正常儿童组成的呢？身心有缺陷的儿童是高兴的，富有活力的，他们急匆匆地走动，从一件物体到另一件物体，玩每一样东西。对看这部影片的人来说，这些儿童给人的印象似乎是聪明的，因为每一个人通常习惯于把做一件又一件事的活泼快乐的儿童看作是聪明的人。

然而，恰恰相反，正常儿童是镇静地走动的，他们好长一段时间站着不动，沉思地注意着一件物体。他们以惊人的方式证明，静静的和有分寸的行动以及一种考虑周到的安排是正常儿童的标志。

莱文教授实验的结果与普遍流行的概念是相冲突的，因为在通常的环境中，聪明的儿童会像影片中身心有缺陷的儿童一样去行动。我们可以发现，缓慢和沉思的正常儿童是有点新奇的，但他的行动受他的自我所控制，受理性所指导。这种儿童被他所看到的一些外界物体激发起来，但能自由地运用它们。自我控制和有节制的活动才是有价值的。因此，重要的是，任何儿童应该掌握自己的运动器官，而不仅仅是用某一种方式到处乱走，去感知任何东西。运动的能力受他的自我所指引，而不仅仅是由外界事物的吸引力支配的，从而引导一个儿童把他的注意力集中在一个物体上。这是源于儿童内部的一种现象。

对个人来说，用一种审慎的和沉思的方式行动实际上是正常的。它概括为一种秩序，我们可以称之为"内在纪律的秩序"。一种内在纪律，表现为一种有条不紊的外部行动。当缺乏这种内在纪律时，个人就不能控制自己的行动，而可能受他人的意志所支配，或者就像漂泊的船一样成为外界环境影响的牺牲品。他人的意志很难使一个人产生有条不紊的行动，因为这种外在的影响并不是这种行为所必不可少的。当这种情况发生时，我们可以说，一个人的人格被分裂了。当这种情况发生在儿童身上时，儿童就失去了发展的机会。他是应该具有自己的本性的。可以把这种儿童比作这样的一个人，他依靠了气球降落在沙漠之中，突然他发现气球被风刮走了，把他一个人扔下了。他失掉气球后，发现周围没有一样东西能替代气球。这就是人可能遇到的一种情景。当儿童陷于这种情景时，他肯定会与成人争吵。儿童的心理是隐藏着的，尚未得到发展，他表现的方法也是无序的，可以说，他似乎成了成人环境的牺牲品。

## 运动

运动始终伴随着所有的机体活动。儿童是通过运动而得到发展的，他的发展既依靠心理因素，也依靠身体的因素。运动不仅有益于身体健康，而且也能激发勇气和自信，它对心理的影响是不容忽视的。

正如我们所知道的，运动对儿童具有极大的重要性，它是创造性的能量在功能上的体现，并达到人种的完善。儿童通过运动对外界环境起作用，并由此履行他自己在这个世界上的使命。运动不仅仅是人的自我的一种表现，而且是人的智力发展的一种必要因素，因为运动是使自我与外界现实建立一种明确关系的唯一途径。

通过运动的锻炼，儿童的肌肉就会处于一种健康的状态，他的生命就不会衰弱。同时，在运动中，儿童通过自主地掌握运用他的运动器官能使自己的意志得以实现，使他的智慧成果外在化。

然而，成人并没有意识到儿童身体运动的重要性，他们就会阻止儿童身体的活动。

同样清楚的是，一些科学家和教育家并没有注意到运动在人的发展中的巨大重要性。然而，如果"动物"这个词包含了"活力"或者说包含了"运动"，那么植物和动物之间的区别就在于：前者扎根于土地上，而后者可以到处活动。那我们为什么会想要制止儿童的运动呢？

人们往往潜意识地接受了不同的赞美儿童的说法。有的说：儿童是"一朵幼小的花朵"，这意味着他应该是文静的。又有的说：儿童是"一个小天使"，这意味着他他应该是活跃的，但他只能存在于被人类认为的另一个世界中。

所有这些揭示了人类心灵那种令人不可思议的盲目，这比心理分析家弗洛伊德认为存在于人类潜意识中称为"心理盲点"的那种盲目更加厉害。这种盲目的程度之深，可以从这个事实看出，即科学虽然能发现人类潜意识的深奥，但还不能揭示它。

所有人都承认感觉器官对心理发展的重要性。没有人怀疑，聋盲人或聋盲儿童在他们的心理发展中将遇到极大的困难，因为听和看事实上就是心灵的窗户，它们被认为是"智力感觉"。人们也同意，聋盲人的智力低于利用他们全部感官的人的智力。聋和盲是一种不利条件，但它可以与身体健康并存不悖。但是，如果认为人为剥夺儿童的视力和听觉，儿童仍然能更好地获得高水平的文化知识和社会道德，那将是荒谬可笑的。

尽管如此，要人们接受这个思想，即身体运动对人的道德和智力发展具有巨大重要性，这是很困难的事情。如果一个正在发展中的儿童不运用他的运动器官，他的发展就会受到阻碍，与被剥夺了视力或听力的人相比，他将更远离"智力感觉"。

一个"失去肉体自由的人"比聋盲人将遭受到更明显的和更大的痛苦。虽然，聋盲人被剥夺了与他们的环境接触的手段，但经过一个适应的过程，他们其他感官的敏锐至少可以部分地弥补已失去的感官。但是，身体运动是人的个性的一部分，没有一样东西可以替代它。一个不运动的人也就伤害了他自己，也远离了生活。

当人们谈到"肌肉"时，他们通常把它们想象成某种身体器官。这种概念似乎与我们关于精神的概念是对立的。精神没有物质，其结果也就没有任何的机制。

对心理的发展和人的智力发展来说，运动或身体活动比看和听的智力感觉更为重要。这对一些流行的观念是一种挑战。

然而，即使我们的眼睛和耳朵，也是根据物理的甚至机械的规律发挥作用的。眼睛一直被描绘成是"逼真的照相机"，当然，它的结构奥妙无比。耳朵也像一支爵士乐队，拥有会振动的弦和键。

但是，当我们提到这些卓越的工具在智力发展中所起的作用时，我们并不把它们看作一些机械装置，而是利用它们去思考自我。通过这些奇妙的和有活力的工具，使自我与世界联系起来，并运用这些工具来满足自我的心理需要。日出日落、艺术作品、山水风景、悦耳嗓音或演奏音响都是自然美的情景，所有这些给内在自我多种多样的和持续的感官印象，它们是人的心理生活的滋养源泉和必备养料。

自我是真正的力量、唯一的主宰者和感觉印象的接收器。如果自我没有对各种各样的自然美情景感受到欢乐，那么，这些感官机制还有什么用呢？看或听本身并不怎么重要，但它们有一个更高的目的，那就是通过看和听使一个人的自我得以形成和发展。

　　在自我和运动之间，我们也可以进行类推。运动无疑需要各种各样的器官，即使这些器官并不像耳朵的鼓膜或眼球的晶体那样高度专门化。人类生活和教育的基本问题是，自我应该如何受到激发和掌握他的运动工具，使得他的行动受到比能感知的东西更高的本能的指导。

　　如果自我不能得到这种必要的条件，它的整体将遭到破坏，那么本能将仿佛是与不断生长的身体分离的。

## 爱的智慧

　　人的每一项工作都是按照它的规律去实现自我，并使人得到和谐发展，并获得以爱的形式出现的意识。可以说，这是一个健康的人的标志。

　　爱不是冲动，而是一个结果。它像一颗行星，得到来自太阳的光芒。这种动力就是本能，是生命的创造力量。但是，它在创造的过程中产生了爱，所以，这种爱充满了儿童的意识。通过爱，儿童实现了自我。

　　我们可以想象在整个敏感期里，儿童自己与周围的环境联系起来的那种不可抵抗的冲动，实际上这是一种对他的环境的热爱。作为一种激动的情感，它不是通常所理解的爱的感觉，而是一种对能理解和吸收的智慧的爱，是一种通过爱的过程而产生的爱。引导儿童去观察事物的那种自然欲望，但丁（Dante）① 把它描述为"爱的智慧"。

　　事实上，爱使得儿童能以一种敏锐和热情的方式去观察他的环境中的那些东西，而这些东西我们成人往往是忽视的。爱的特点是什么呢？那就是能使我们对他人不注意的事物产生敏感，并能向我们揭示他人尚未认识到的事物细节和专门特征。人们要问："难道只有爱才能发现它们吗？"是

---

① 但丁（1265~1321），意大利诗人。

的，那是因为儿童通过爱去取得了智慧，而产生兴趣的，所以，儿童能够看到成人视而不见的东西。

对成人来讲，对环境的爱似乎是儿童天生的乐趣。但是，成人并没有把这看作是一种精神能量，一种伴随着创造力的道德美。

儿童的爱是单纯的。他的爱是为了他自己获得感觉印象，从而给他提供生长的媒介。他不断地吸收东西，直到它成为他自己生命的一部分，由此创造他自己的本质。

儿童所爱的对象是成人。从成人那里，儿童不仅得到他所需要的物质帮助，而且得到很多的爱。这对他的自我发展是必要的。对儿童来说，成人是可尊敬的人。成人的嘴唇就好像是一口喷泉，儿童从那里汲取着他必须学会说的那些词汇，并将作为他的一种指导。对于儿童来说，成人的话是神奇的刺激。成人用他的行动向儿童展示了人是如何行动的。儿童是通过模仿成人而开始他自己的生活的。成人的言语深深地吸引着儿童，有时几乎可使他完全沉迷。这表明成人的言语具有暗示的力量。儿童对成人是那么的敏感，以致成人在某种程度上支配着儿童的生活和行动，而儿童自己的个性也就消失了。

儿童把他的鞋子放在床单上那件事表明，一种服从来自暗示的力量。成人对儿童所讲的话，就会像刻在大理石上一样永远铭刻在他的心灵上。我们可能还记得，一位母亲接到装有手帕和喇叭的包裹时，她的小女孩的反应就是"音乐"一词。由于儿童是如此渴望得到爱，因此，成人应该仔细和认真地考虑他在儿童面前讲的所有话。

儿童乐于服从成人，这是他的精神根源。但是，当成人要儿童抛弃那些有助于他发展的本能时，他就不可能服从了。成人为了他个人的利益而要求儿童停止创造时，就好像在儿童出乳牙时硬阻止乳牙的长出。儿童发脾气和进行反抗，是儿童创造性的冲动和他所爱的但不理解他的那个成人之间一种生死存亡的冲突的外部表现。当儿童不服从或发脾气时，成人应该想到它源于这种冲突，同时想到它源于对儿童发展所必需的生命活动的防御。

我们必须记住，儿童爱我们，并想服从我们。儿童爱成人胜于爱其他任何东西，但人们只知道成人对儿童的爱。我们常常可以听到："父母多么爱子女啊！"或者"教师多么爱学生啊！"之类的话。还认为应该教育儿童去爱，爱他的父母，爱他的老师，爱所有的人，爱动物和植物，爱一切东西。

那么，谁将教儿童呢？谁将是他在爱的艺术方面的老师呢？难道是那些认为儿童不听话并且只想到保护他自己和他的财产免遭儿童侵犯的那些人吗？这样的人显然不可能教儿童去爱的，因为他们并不具有我们称为"爱的智慧"的那种敏感性。

相反地，儿童是爱成人的，他需要成人在他的身边陪伴他，而且很高兴能引起成人对他的注意："看着我！和我在一起！"

当儿童晚上去睡觉时，儿童就希望他所爱的人陪着他而不要离开。当我们去吃饭时，一个正在吮奶的孩子也要跟着去，他并不是为了吃，而只是要与我们在一起。成人没有意识到儿童的这种深厚的爱。但是，我们应该记住，现在如此深厚地爱我们的儿童终将长大，这种爱终将消失。到那时，谁还会像现在这个儿童那样地爱我们呢？谁还会在去睡觉前充满深情地对我们说："和我在一起！"而不只是祝我们"晚安"呢？谁还会在我们吃饭时如此渴望站在我们身边呢？我们防御这种爱，但我们将永远再也找不到另外一种与它同样的爱。我们唠唠叨叨地说："我没有时间！我不能！我忙！"然而，我们心里所想的却是："必须纠正儿童的做法，不然的话，你将成为他们的奴隶。"我们想摆脱掉儿童这个束缚，这样我们才能做我们想做的事情，我们才不会感到不方便。

每天早晨，如果儿童进去唤醒还在酣睡的父母，那是一件极令人讨厌的事情。保姆必须阻止他这样做。保姆是父母们早晨睡觉的保护者。

但是，如果不是爱，那还有什么东西会促使儿童一醒过来就去寻找他的父母呢？当太阳刚升起时，儿童就从床上起来。儿童去找仍然在睡觉的父母，仿佛要说："学会圣洁地生活吧！天亮了！早晨了！"但是，儿童到他的父母跟前，并不是作为教师去教导他们，而只是去看他所爱的那些人。父母住的那个房间仍然是暗的，窗帘遮着，以致黎明的曙光并没有打扰这两位睡眠者。儿童蹒跚地走去，因为害怕黑暗而心里紧张，但他克服一切困难，温柔地和轻轻地抚摸他的父母，但他的父母抱怨说："已经跟你讲过多少次了，不要清晨一早就来叫醒我们？"

儿童回答说："我并没有叫醒你们，我只是轻轻抚摸一下，我只是要给你们一个吻。"实际上，他说："我并不希望把你们唤醒，我只是要唤醒你们的精神。"

确实，儿童的爱对我们具有极大的重要性。他的父母对他们生活中的一切都麻木了，需要一个新人去唤醒他们，用他们已经失去不再拥有的那种充满生气的和富有活力的能力激发他们。他们需要一个以不同方式行动的人，每天早晨对他们说："你们已经忘掉了另一种生活！学会更好地生活吧！"

是的。更好地生活！感受爱的抚摸！

没有儿童的帮助，成人将会颓废起来。如果成人不努力自我更新，一层硬壳就开始在他周围形成，最终将会使他变得麻木不仁和冷漠无情。

第二部分

新教育

# 第一章　教师的任务

## 认识儿童

我们必须面对这个最重要的现实：儿童拥有一种心理生活，这种心理生活的微妙表现尚未引起人们的注意，它的发展往往会被成人无意识地破坏掉。

对儿童来说，成人的环境不是一种适宜的环境，而是一群障碍物。这群障碍物实际上是对儿童的防御，使他们的态度乖戾并容易受成人的暗示。作为教育基础的儿童心理学一直是从成人的角度，而不是从儿童的特性来进行研究的。因此，它们的结论必须从根本上进行重新审查。正如我们所看到的，儿童每一个不寻常的反应都给我们提出一个有待解决的问题；儿童每一次发脾气都是某种根深蒂固的冲突的外部表现，这种冲突并不能简单地解释成是对不相容的环境的一种防御机制，而应该理解为更高的品质寻求展示的一种表现。发脾气就像是一场暴风雨，它是阻碍儿童的心灵中的秘密显露的一种无奈的表示。

很明显，所有这些伪装把儿童的真实心灵都隐藏起来了。发脾气、抗争和偏常等表现掩盖了儿童自我实现的不断努力，使他不能展示他的真正个性。他的个性仅仅是各种特性的一个总称。在这些不协调的外部表现背后，肯定存在着一个根据一个精确心理发展模式正在发展的个体精神胚胎，那就是个性。就在这些外部表现底下，隐藏着一个尚未被认识的儿童、一个被掩盖的充满活力的人，他必须获得自由。教育所面临的最紧迫的任务，就是去了解这个尚未被认识的儿童，并把他从所有的障碍物中解放出来。从某种意义上说，自由意味着一个人知道自己应该做什么，或者实际上就能去发现尚未知的东西。

在心理分析的研究和对尚未被认识的儿童心理的研究之间，存在着一种根本区别。这种根本区别主要是：在成人潜意识中的秘密是自我约束的某种东西，而儿童的秘密很少会被他的环境所隐藏。要帮助一个成人，就必须帮助他解开在漫长的时期中形成的有关适应的一团乱麻。要帮助一个儿童，我们就必须给他提供一个能使他自己自由发展的环境。儿童正处于创造和发展的时期，完全应该为他敞开大门。事实上，他正在创造自我，也就是说，正处于从不存在到存在、从潜在性到实际性的过程中。处于这个时期，儿童不可能是复杂的。由于儿童具有日益增强的能力，他在展现自我时就不会有很大的困难。在一个自由的环境中，即在一个适宜他发展的环境中，儿童的心灵自然地得到发展，并自动地揭示它的秘密。只要坚持这条原则，那么，所有的教育努力都不会更深地陷入一种无止境的混乱之中。

新教育的基本目的首先是，发现儿童和解放儿童。与之有关的首要问题就是儿童的生活方式，简单地讲，就是儿童的生活。其次是，当儿童日趋成熟时，给他提供必不可少的帮助。这意味着，环境是十分重要的；环境在儿童发展过程中必须适合于儿童的成长。障碍物必须减少到最少；环境必须为那些有助于儿童能力自由发展的活动开展提供必要的条件。由于成人他自己也是儿童环境的一部分，因此，他也应该使自己适应儿童的需要。成人不应该是儿童独立活动的一种障碍物，也不应该代替儿童去进行那些儿童生长和发展所必要的活动。

## 精神准备

教师千万不要这样想：靠一个人独自研究就能为他的使命做好准备。如果教师这样想的话，那他就错了。对教师所要求的第一件事就是正确地处理他自己的教育工作。

全部问题的关键是教师对待儿童的态度。这并不依靠外部因素，因此，仅仅只要求教师具有关于儿童心理或教学方法和矫正的理论知识是不行的。应该清楚地看到，仅有这些教育理论知识是不够的。

我们自己身上有许多不好的脾性，它们像田野里的野草茂盛地生长。这些坏脾性分为七类，古代以"七大罪恶"（Seven Deadly Sins）[①] 著称。

所有的坏脾性使我们与儿童分离。因为儿童与我们相比，他不仅是更加天真无邪的，并且是具有神秘的特性而使人难以理解的。我们成人通常不会看到它，但必须毫不犹豫地相信它。

必须探究儿童的教师是能够理解儿童的，就像耶稣理解儿童一样。我们希望去谈论这种努力，并给以解释和界定。真正的教师不仅仅是一个不断努力使自己变得更好的人，还应该是一个能消除其内心障碍的人，因为，这种内心障碍使他不能理解儿童。我们应该对一些教师指出什么是他们需要制止的一些内在脾性，正如一位医生会向病人指出某种具体的疾病是一种身体器官正在变衰弱或出现凶兆一样。因此，这是一些确实有益的帮助。

---

① 七大罪恶，指骄傲、贪婪、淫欲、发怒、酗酒、嫉妒、懒惰。

在我们心里出现并阻碍我们去理解儿童的罪恶就是发怒。

但是，没有一种罪恶是单独起作用的，而总是与其他的罪恶结合在一起的。所以，发怒带来傲慢，这是一种更加显贵的也更加凶暴的罪恶。

对于这些坏脾性，例如，我们已分类的"七大罪恶"，可以采用两种方法来纠正：一种方法是内部的。对于个人来说，他尽力清楚地意识到他自己意志中的一些缺点，与这些缺点进行斗争，并使自己克服这些缺点。另一种方法是外部的。在一个社会环境中有正确的观念，它可以看作是抑制我们坏脾性表现的一种外部形式。

这种外部形式的抑制作用是具有巨大影响力的。人们可能会说，对我们来说主要的提醒物是道德上的缺点，在许多情况下，这种外部提醒促使我们自己反省。因此，它对我们内心的纯洁起了强有力的和重要的作用。

让我们认真思考一下"七大罪恶"。我们的傲慢由于其他人对我们的看法而减弱；我们的贪婪由于我们生活的环境而减少；我们的发怒由于其他人的强烈反应而被制止；我们的懒惰由于为了生活去工作的需要而被克服；我们的淫欲由于社会的习俗而被抑制；我们的贪欲由于获得比我们需要更多东西的极大可能而收敛；我们的嫉妒由于保持尊严的必要而消除。无疑，所有这些可能依靠与自己的缺点进行斗争的个人意志而得到补充。但是，这些外部因素对我们来说是一种不断的和非常有益的告诫。总之，社会监督为维持我们的道德平衡形成了一个好的基础。

然而，当我们行动时，我们不会像服从上帝那样虔诚的心愿去服从社会的压力。相反地，尽管我们很愿意承认我们必须纠正自己所认识到的心灵上的错误，但其他人对我们心灵上的错误的纠正却因我们的羞耻而不能被轻易接受。在屈从这样的压力下，我们甚至宁可犯错误，也不会接受它。当我们必须接受它时，我们会本能地想要挽回面子，竟说我们所选择这样的做法是不可避免的。这方面的例子可以在一次谎言中得到证实。例如，当我们没能得到我们所想要的东西时，我们就会说："我并不喜欢它。"这是一种在道德上最常见的虚伪。

事实上，我们希望强调的是，教师必须使他自己内心做好准备。他必须系统地研究自我，以便发现自己身上某些具体的缺点，因为这些缺点会成为他对待儿童时的障碍。为了发现这些已成为教师潜意识一部分的缺点，我们需要帮助和教导。正像我们需要其他人观察我们并把观察到的结果告诉我们一样。

在这一方面，教师需要得到引导和使内心做好准备。他必须先研究他自己的缺点和坏脾性，而不要只注意儿童的坏脾性和如何纠正儿童错误的行为，或者认为那是原罪的影响。

首先让教师清除他自己眼中的沙粒，然后他才能更清楚地知道如何消除儿童眼中的尘埃。教师内心的准备与宗教信徒所追求的"完美"是截然不同的。一位好教师未必是"完美的"，也未必没有过失和缺点。事实上，那些在不断地追求他们自己内心生活完美的人，有可能继续存在潜意识地阻碍他们去理解儿童的那些缺点。这就是我们为什么必须受到教育，必须接受指导，必须受到成为幼儿教师的训练。

我们遇到来自矫饰的阻力并不大，这说明我们正在继续战斗，还没有获得一种十分完美的方式。正如在所有的战斗中一样，我们不久就会发现，组织无疑是需要的，个人的脾性淹没在共同的脾性之中。一些具有同样缺点的人本能地通过联合去寻求欢乐。但事实上，他们建立防御工事，抵抗与他们的基本观点相冲突的那些人。

例如，一种公平的财富分配会使富人感到不高兴，因为他们是贪婪的和懒惰的。然而，这样的一种财富分配对所有人来讲是都有益的，也是社会进步所必需的，因此，我们甚至将会发现许多富人宣称他们为了公共利益而愿意这样做。我们具有一种本能倾向，那就是在一些崇高的和必要的责任的借口下掩饰了我们自己的罪恶，正如在战争中用挖战壕来掠夺土地或把进攻性武器描绘成保卫和平的工具。对我们缺点抵制的外部力量越软弱，我们就越容易编造掩饰我们缺点的借口。

通过这些思考，我们逐渐认识到，我们关心自己的缺点甚于我们去思考。我们逐渐发现，当我们由于自己的缺点而遭受指责时，我们容易潜意识地掩饰它们。但实际上，我们并不在保护自己，而是在为自己的罪恶辩护。我们使它披上被称之为"需要""责任""公共利益"等伪装。渐渐地，我们把虚假的东西看作是真实的东西，陷入一种错误的境地而很难自拔。

教师以及与儿童教育有关的人，必须使自己从这种错误的境地中解放出来，这种错误使他们不能正确地对待儿童。他们必须努力克服掉由傲慢和发怒组成的那些缺点，傲慢和发怒这两种罪恶是紧密相连的。实际上，发怒是主要的罪恶；傲慢随后给它提供一个漂亮的伪装。傲慢使成人的个性有一个合法的借口，使它看起来是那么的可爱，甚至是令人尊敬的。

发怒是一种罪恶，但它肯定会受到其他人的强有力的抵制。冷静就是对发怒情绪的控制。因此，发怒是一种表现，但一个人发现他自己很难忍受来自他人的发怒。在那种使人羞愧的境地中会对自己发怒行为进行自我反思的人就能迅速地摆脱出来，并最终会对自己的发怒感到羞愧。

儿童不能保护他们自己，他们相信别人所告诉他们的任何事情。我们在他们身上好像找到了一个发泄自己情绪的机会。但儿童不仅很快就忘记了我们的罪恶，而且对我们所指责他们的一切感到内疚。他们像圣弗朗西斯（St. Francis）① 的信徒。圣弗朗西斯突然大哭起来认为他自己是一个虚伪的人，因为一位教士曾这样告诉他。

---

① 圣弗朗西斯（1567～1622），法国天主教主教。

我们应该反思一种不适宜的环境对儿童生活所产生的各种影响。这样的环境使得儿童不能用他的理性去理解不公正，但他心里知道某件事是不公正的，因而变得抑郁甚至心理畸变。儿童会出现一种无意识的防御反应。具体来讲，儿童会用胆怯、说谎、任性、无理取闹、失眠和恐惧表现出来，因为他还不能真正了解与成人的关系。

但是，发怒并不总是表示身体上的暴力行为。"发怒"这个词通常被理解成那种原始的和不成熟的冲动，它能够导致一些复杂的表现。心理更加成熟的人往往会掩饰他发怒的复杂心态。事实上，就其最简单的方式而言，对儿童发怒就是对儿童公开反抗的一种指责。但是，在儿童心灵的比较模糊的表现方式面前，发怒和傲慢融合在一起而成为一个复杂的整体，采取一种明确的、彻底的和体面的方式，以"专制"著称。

毋庸置疑，我们有一个苦恼，那就是把专横的人放在公认权威的一个坚不可摧的堡垒之中。成人是正确的，仅仅因为他是成人。对这一点的怀疑，就好像是对一种既定的和神圣的统治方式的攻击。在早期社会里，暴君被看作是上帝的一个代表。而对儿童来说，成人就是上帝。他完全是不容怀疑的。事实上，唯一要怀疑的就是儿童，而儿童应该保持沉默。他应该使他自己去适应一切，相信一切，宽恕一切。当儿童受到体罚时，他并不还手，他尽管生气但还是请求成人饶恕他，他甚至忘记问他自己在哪方面犯了过错。

然而，儿童偶然也会采取自卫的行动，但是，这种自卫的行动几乎不是对成人行为的一种直接的和有意的反应。它实质上是儿童尽力想保护他自己的心理健全，或者是对他自己的心灵受到压制的一种无意识的反应。

只有当儿童长得大一点时，他才开始直接反对专制本身。但是，到那个时候，成人又会找到一些理由进行辩解，他仍然使自己披上了一种伪装，有时甚至成功地让儿童相信这样的专制是为了他好。

对儿童来说，"尊敬"成人是他唯一应该做的事情，因为弱者要尊敬强者。但成人认为，他完全有理由"冒犯"儿童。他能公开地评判或诋毁儿童，甚至可以伤害他的自尊心。

儿童的需要是受随心所欲的成人指引或压制的。儿童的抗议被认为是不服从，那对成人来说将是危险的。

这是仿效早期社会的一种统治形式：那些君主从其臣民那里强征贡物，臣民除了服从别无选择。儿童应该把一切都归功于成人，像那些认为他们所得到的一切好处都是君主善行的人一样。但成人是不相信这一点的。他们有意扮演了救世主的角色，傲慢地认为他创造了儿童的一切。他使儿童聪明善良和虔诚，使他能有需要并能够与环境、人和上帝相接触。为了使这幅画面更完美，成人拒绝承认他自己是专制的。难道暴君会承认他折磨过他的臣民吗？

新教育要求教师在精神上做好准备。那就是说，他必须检查自己，摒弃他的专制；他必须消除他心里用外壳包住的傲慢和发怒。他必须变得谦逊和慈爱。这些就是教师必须获得的美德。这种精神的预备将给予他所需要的平衡。这就是教师训练的出发点和目的。

这并不意味着，我们必须赞成儿童所做的每一件事，或者我们必须避免评判儿童，或者我们可以忽视他的智力和情感的发展。完全相反，教师必须牢记他是儿童的一位真正教师以及他的使命是去教育儿童。

我们首先必须谦虚，根除潜藏在我们心中的偏见。但我们不能这样认为：当儿童接受教育时，他应该拒绝接受帮助。我们必须使自己的内心发生一次根本的变化，防止从成人的角度出发去理解儿童。

# 第二章　教育的方法

## 方法的起源

我们的教育方法的最重要特征是对环境的强调。另一个特征是对教师作用的极大关注和讨论。缺乏主动精神的教师强调自己的活动和权威，因而成了儿童活动的障碍。然而，具有主动精神的教师在看到儿童自己活动并取得进步时不仅感到高兴，而且表示赞美。还有一个特征就是对儿童人格的尊重，其程度是任何其他教育方法从来没有达到过的。

这三条基本特征在以"儿童之家"（Case dei Bambini）而闻名的教育机构中得到了充分的展现。因为我们希望"儿童之家"这个名称带有"家庭"的含义。

那些关注新教育运动的人知道，这种新的教育方法一直被广泛地讨论。这种教育方法特别考虑到儿童和成人角色的颠倒——教师几乎没有教学；而儿童是活动的中心，可以自我学习，并自由随意地走动和选择他自己的工作。人们并没有把它看作是一种乌托邦，而认为它是一种夸大。

下面谈一谈我们关于环境设施的想法。在这个环境中一切设施都要适合于儿童身体的观点，已得到人们的赞同和接受。在那些干净明亮的教室里，有装饰着花朵的低矮窗户、仿制现代家庭家具的各种微型家具、小桌子、小扶手椅、漂亮的窗帘、儿童可以自己开门的矮橱以及橱内存放儿童可以随意使用的各种教具。总之，所有这一切看来是对儿童生活的一种真正的和实际的改进，会有助于儿童的发展。我相信，有更多的"儿童之家"会保持这种令儿童欣喜和方便的外部条件，把它作为"儿童之家"的一个主要特征。

现在，在经过长期的研究和实验之后，我们感到需要再次对"儿童之家"进行思考，尤其对教育方法的起源进行阐释是很有必要的。

有人认为，对儿童的观察使我们得出一个惊人的结论，即儿童具有一种神秘的本性，对这个结论的直觉使我们构想出一种特殊学校和特殊的教育方法。其实，这种想法是非常错误的。对某种未知的东西作观察是不可能的；一个人通过一种模糊的直觉，想象儿童具有两种本性，并且企图用实验把它们展现出来，这也是不可能的。可以说，任何新的东西肯定会通过它自己的能量展现出来；当它利用机会展现时，最初目睹它的人可能会持怀疑的态度。就像世上每一个人一样，他也拒绝新的东西。结果，这个迄今仍未被认识的东西，在它被人们最终看见、承认和满腔热情地接受之前，它肯定会不断地展现它自己。那些被新的东西所震惊并最终接受它的人会深深地迷恋它，并且为它奉献他自己的生命。他的激情是如此的巨大，以致他可以使其他人相信他自己就是它的创造者。然而，事实上他只不过是对它的展现更为敏感罢了。对我们来说，困难的是发现新的东西，更困难的是使我们自己相信一些东西是新的，因为在新的东西面前我们的感官大门却是关闭的。但当我们有了这样的发现并承认它时，我们就变得像《圣经》中搜寻宝珠的那个商人，当他找到一颗价值连城的宝珠时，为了能买下宝珠竟卖掉他所拥有的一切。

我们的心理就像一间贵族的画室，这间画室是不对陌生人开放的。如果陌生人要进去，他必须由另一个已熟悉它的人介绍。那是因为人们总是从已知到未知的。因此，一个人如果没有人介绍，他只得砸坏紧闭着的门或在门半掩着时偷偷地溜进去。当他最终进入这间画室时，他就成为一个令人惊奇的人物。伏打（A. Volta）[①] 在注视着青蛙被剥皮后蛙腿抽动时，肯定有点难以置信。尽管他注意到这个事实，但他仍坚持实验，因而认识了静电的作用。有时候一件细小的琐事会开辟一个新的和无止境的领域。从本质上说，人是一个探究者，只有通过对似乎是毫无意义的细节的发现，他才可能前进。

在物理学和医学中，对一个新的发现的认定有着严格的标准。在这些领域中，一个新的发现就是对以前尚未被认识的事实的最初发现，很可能这个尚未被认识的事实一直是不受怀疑的。也就是说，它们好像并不存在。这种事实总是客观的，并不依赖于个人的直觉。在验证新的事实时，有两个步骤：首先，必须把它分离出来，并在不同条件下进行研究；其次，必须研究环境，使新的发现在这个环境中得到显示，因而我们可以再现它和使它永久存在。只有当这个基本问题得到解决时，才能研究新的发现。然后，开始研究并在新的道路上发现新的东西，研究者可以得到真正的发现。当然，没有一个人会研究一些他知道不存在的东西，那是很明显的。探究很可能是一个接待室，暗指一种幻象。一种研究形式总是与再现、保存和掌握一种发现有关的，因此，它将不会如一种幻象一样消失，因而具有一种真正的价值。

## 第一所"儿童之家"

第一所"儿童之家"创立于 1907 年 1 月 6 日，招收 3 岁到 6 岁的正常

---

① 伏打（1745～1827），意大利物理学家、化学家。

儿童。当时，我们还没有形成专门的教育方法。但是，我的教育方法很快就在"儿童之家"中付诸实践。除了50多名衣衫褴褛和胆怯的贫苦家庭儿童之外，我一无所有，其中不少儿童还在流泪。把孩子委托给我照管的那些父母几乎都是文盲。

最初的计划是把那些幼小的儿童集中在一起，这样，这些儿童就不会被扔在楼梯上玩耍，弄脏公寓的墙壁或产生令人烦扰的混乱。我被邀请来负责这个教育机构。

我有一种奇妙的感觉，正是这种感觉使我在"儿童之家"开始的时候，满怀信心地宣布整个世界总有一天会说这是一项"崇高的"事业。

这天是主显节①，在教堂里读到《圣经》上的那段话对我来说好像是一种预兆和预言："看到地球被黑暗所笼罩，……但是，太阳将在东方升起，它的光辉将成为人们的指南。"所有出席"儿童之家"开幕式的人都感到很惊讶，相互问：为什么我在地球上要为贫苦家庭儿童提供这么好的一个教育机构。

我开始工作，就像一个拒绝好的玉米种子的女农夫，找到了一块肥沃的土地并随意地把种子撒在那里。结果是相反的。我在土地上一挖泥块就发现了金子，而不是粮食；泥土下面隐藏着珍宝。我并不认为我自己就是那个农夫。更确切地说，我就像愚蠢的阿拉丁（Aladdin）②一样，手里拿着一把钥匙，但却不知道这就是打开隐藏珍宝大门的钥匙。

事实上，这些正常儿童的工作给我带来了一连串的惊讶。也许，这个奇迹般的故事是值得说一说的。

一般认为，在心智有缺陷儿童的教育中已获得很大成功的那些方法，肯定也是使正常儿童更好发展的一个真正的关键。通过这些方法的运用，

---

① 主显节，1月6日纪念耶稣显灵的节日。
② 阿拉丁，阿拉伯神话故事《一千零一夜》中的人物。

我在治疗弱智儿童的心理和改变它们的思维方式上取得了成功，其中一些心理卫生的原则可以有效地帮助正常儿童发展得更快和更好。但是，这一切并不是那么惊人的，已有的那种教育理论是实际的和科学的，因为它确信人的心理应该是均衡发展的和深思熟虑的。但是，这并没有改变这个事实：最初并没有取得所期望的效果，这使我感到惊讶，并常常使我有点怀疑。

这些教具运用于正常儿童和运用于心智有缺陷儿童的效果是不同的。与那些智力差的儿童在一起，这些教具对我来说是有用的，作为激起它们兴趣的一种手段。于是，我竭尽全力去劝说这些儿童运用教具去工作。确实，这些教具能使心智有缺陷儿童在心理健康上得到改善，并学到一些东西。但是，正常儿童发生的情况正好与此相反。当一个儿童被一种教具所吸引时，他把全部注意力集中于这个教具，始终以一种惊人的聚精会神的态度连续工作。在完成工作后，他显得满意、轻松和高兴。这种轻松和满意感是我从那些平静的小脸蛋和闪烁着完成自发任务后满意的眼神中看到的。我给儿童提供的教具就像拧紧钟表发条的钥匙。但这里有一个区别，那就是：在钟的发条上紧后，钟自身就不断地运转了；而儿童在使用教具后，不仅能持续地使用它，而且使他的心理比以前更健康和更有活力。这样的工作是一种真正的心理激励。

要使我相信这不是一种幻觉是需要时间的。在每一次新的经验证实情况确实如此之后，我曾对自己说："我还不相信，下一次我将相信。"因而，在相当长的一段时间里我仍然不敢相信，但同时我又感到十分震惊。多少次当教师告诉我儿童自己正在做什么时，我并不责备他。我严肃地说："这种情况确实给我深刻的印象。"我记得，这位教师常常是流着泪回答说："你是对的。每当我看到这样的情况时，我就想肯定有个守护神正在激励这些儿童。"

有一天，当我怀着极大的敬意和慈爱看着这些儿童时，我把手按在我的心口上情不自禁地问道："你们是谁？也许我见到这些儿童就是耶稣手里所怀抱的儿童？……"

我手里正拿着真理的火炬，继续走我自己的道路。

当我在"儿童之家"里见到第一批儿童时，他们眼泪汪汪且十分惊恐，他们是那么的胆怯以致无法使他们说话；他们的脸上毫无表情，眼睛显得迷茫，似乎在他们生活中从未见过任何东西。事实上，他们是贫困的和未被很好照管的儿童，在光线黑暗和破落的小屋中长大，缺乏刺激他们心灵的东西和对他们的关爱。任何人都可以看到，他们营养不良，需要很好的喂养并得到新鲜的空气和阳光。他们似乎是注定不能开花结果的幼芽。

了解这种新颖环境能使这些儿童产生如此惊人的转变，或者说，了解能使这些儿童具有新的心灵并使它的光辉扩展到整个世界，那是令人感到有趣的。

在发展的过程中除去那些障碍物，就能促使儿童的心灵得到解放。但是，谁能够想象出这些障碍物包括什么呢？或者，需要什么环境才能促使这些儿童的心灵发芽和开花呢？通常，许多环境与我们所期盼的目标相距甚远，甚至是相反的。

让我们从这些儿童的家庭境况开始说起。他们的父母属于社会上最低的阶层，没有固定的职业而不得不每天出去找工作，因此，他们既没有时间也缺乏办法很好地照管他们的子女。而且，他们本身几乎都是文盲。

很明显，对这样的儿童进行教育是没有什么希望的，为他们寻找一个受过训练的教师也是不可能的。后来，一位受过良好教育的年轻妇女接受了聘请。由于她刚开始学习当一位教师，因此既没有作为教师的抱负，也没有任何真正的教师所必需的准备或偏见。这个教育机构并不是一个慈善团体，而是由一个建筑协会创办的。他们把儿童聚集在一起，目的是为了避免公寓大楼的墙壁遭到损坏，从而减少维修房屋的费用。所以，它并不是一项社会福利事业，从来没有想到过为儿童提供免费的午餐、医疗，或成为一所带有教育目的的学校。唯一允许的开支是为办公室添置必需的家具和辅助设备。这就是为什么我们一开始只准备我们自己的家具，而没有买学校应有的桌子。

因此，第一所"儿童之家"并不是一所真正的学校，而像一只开始时置于零位的测量表。由于我们的资金是如此的有限，以至于儿童和教师都没有桌子，也没有一个办公室或一个住家应有的专门设备。但与此同时，我拥有一些在心智有缺陷儿童教育机构中所使用的特殊设备，这些东西不能归入通常学校设备之列。

第一所"儿童之家"的环境并不像我们今天所看到的"儿童之家"那样明亮和令人愉快。在家具中给人印象最深的是一张牢固的桌子，它被当作教师的桌子；还有一个体积很大的柜子，它用来储藏所有的教具。这个柜子的坚实的门是锁着的，钥匙由教师保管。提供给儿童的桌子造得结实而耐用，每张桌子的长度足以使3个儿童并排就座。它们就像学校中的桌子一样，一张挨着一张排列。除了儿童坐的长凳外，每个儿童还有一把很简单的小扶手椅。院子中虽然栽种植物，但除了一小片草坪和树木外，并没有花朵。这后来就成为我们学校的一个特征。在这样的环境里进行任何重要的实验，其诱惑力是不大的，但是，我想有趣的是进行系统的感官教育，以了解正常儿童与心智有缺陷儿童在反应上的差异。我特别感兴趣的是，了解小年龄的正常儿童和年龄较大但心智有缺陷儿童之间是否存在差异。不管怎样，我没有轻视这样的研究工作。我对教师没有作任何约束，也没有强加任何特殊的责任。我仅仅教这位教师如何运用一些感官材料，这样，她就可以教儿童使用它们。这对她来说是容易的和有趣的。但是，我并没有阻止她发挥自己的创造精神。

事实上，过了不久，我就发现这位教师自己制作了其他一些材料供儿童使用，其中有装饰精美的金十字。她是用纸张做这些饰物的，并且把它们作为奖励品发给行为表现最好的儿童。我经常发现一些孩子胸前佩戴这些饰物。她还创造性地教儿童如何敬礼，尽管大多数儿童是小女孩，最大的仅仅 5 岁。但是，这些敬礼动作似乎令她感到高兴，我发现这件事既使儿童快乐又对他们是无害的。

于是，我们开始了平静和孤独的生活。在很长的一段时间里，没有一个人知道我们正在做什么事。

## 儿童的表现

我很想总结这个时期的主要结果，尽管要说到的一些事情是那样的微小。这些事情只是关于那些儿童从进入"儿童之家"后就开始的故事，而不是一篇正式论文所要写的内容。我自己在这方面的行动是那么简单，确实是那么不成熟，没有人会真正希望从中得到一种科学的观点。当然，一种有条理的描述将意味着大量的心理上的观察，或者最好说，大量的心理上的发现。

### 重复练习

引起我注意的第一个现象是，一个大约 3 岁的小女孩不停地把一系列的圆柱体放进孔中，然后又从孔中取出。这些圆柱体大小不同，正好与木板上的大小不一的孔相应，就像软木塞盖住瓶口一样。我惊讶地看到，那么年幼的儿童能如此聚精会神一遍又一遍地重复进行这项练习。这个小女孩在速度上或技能上并没有显示出进步，而是一种重复不停的运动。由于我自己的计数习惯，我开始数她重复这项练习的次数。另外，我决定要看看她排除干扰而在这种工作中专心到何种程度。我告诉教师让其他儿童唱歌和到处走动，但这丝毫也没有干扰她的工作。然后，我轻轻地抬起她正坐着的椅子同她一起，把它放在小桌子上。当我抬起小椅子时，她一把抓起正在操作的圆柱体，把它们放在自己的膝盖上，仍然继续她的工作。这时我开始计数，她重复这项练习 42 遍，然后才停下来，仿佛从梦中醒来并愉快地微笑着。她的眼睛炯炯有神并环顾四周。她似乎还没注意到我们的各种花招。这些花招在干扰她的工作上是不成功的。至此，这个小女孩的工作无疑已完成了。但是，她完成了什么呢？她为什么要去完成这个工作呢？

这是我们第一次洞察到儿童那尚未被探索的心灵深处。这个小女孩正处于一个注意力不能持久的时期，她的注意力会不停地从一件事情跳到另一件事情上。然而，她却变得如此专注于她正在做的工作，以致她的自我感觉不到任何外部的刺激。当她把大小不同的圆柱体精确地放进相应的孔中时，伴随着她的专心致志的是她的手的一种有节奏运动。

相似的情况在各种场合出现。而且当儿童每一次经历这种体验之后，他们就像经过休整的人，充满着活力，看起来似乎感受到一种很大的欣喜。

虽然使儿童处于忘却外部世界的专注状态并不常见，但我注意到这是一种所有儿童都会有的奇怪行为，而且在他们所有的活动中经常不断地表现出来。这是儿童工作的专门特征，我后来称之为"重复练习"。

有一天，我看到那些儿童正在工作的小手很脏，我想我应该教他们一些确实有用的事——如何洗手。接着，我注意到，他们在自己的手已经洗干净后仍在继续不断地洗。当他们离校时，又会再一次洗手。一些母亲告诉我：在早晨，她们发现自己的孩子在盥洗间洗手。这些孩子很自豪地伸出他们的干净小手，以至于很多时候他们被误认为是在讨东西。他们一次又一次地重复练习，在这样做的时候并没有外在的目的。他们在自己的手早已洗干净的情况下仍在洗手是出于一种内在的需要。一项练习的各种细节教得越是详细，它似乎越能成为无穷尽的重复练习的一种刺激物。

## 秩序感

我们还看到另一种很简单的事实。儿童所使用的有助于他们发展的感官材料，是由教师把这些材料分给儿童的，使用完以后再由教师把它们放回到原处。这位教师告诉我，每当她这样做的时候，儿童就会站起来并围住她。她要求儿童回到他们自己的座位上，但是，儿童总是又回到她身边来。这种情况发生了很多次，她原先断定这是儿童不服从的表现。但当我观察这些儿童时，我发现其实他们是想自己把各种感官材料放回原处，于是，我让他们自由地去这样做。因此，对于儿童来说，一种新的生活开始了。把一些东西放整齐，就成了一种对儿童颇有吸引力的工作。如果一个儿童手中拿着的一杯水掉在地板上并把玻璃杯砸碎了，其他儿童就会奔过去，捡起玻璃杯碎片并把地板擦干净。

有一天，这位教师把一个装有彩色小方块的盒子掉在地板上了，其中装有 80 块颜色深浅渐进的彩色块。我记得这位教师有点慌张，因为要把这么多在颜色上略有细微差别的小方块重新排列起来是很困难的。但令我们惊讶的是，儿童立即向她奔来，很快就把所有的彩色小方块按颜色的深浅正确地放在它们原先位置上，表现出远远胜过我们对色彩的一种极好的敏感性。

## 自由选择

有一天，这位教师到校稍迟了一点，事先她又忘记了把柜子锁起来。

到校后她发现，许多儿童已经把柜子门打开了，并围着它。其中有一些儿童正在取出教具把它们拿走。这位教师把这看作是一种偷窃行为，认为这些儿童如此不尊重学校和老师，应该严肃处理，并应该告诉他们正确和错误之间的区别。相反地，我却把这件事看作是一个标志，标志着儿童已经认识了各种教具，以至于他们已经能做出自己的选择。情况证明确实如此。这使儿童开始了一种新的和有趣的活动。现在，他们可以根据自己的特殊爱好选择工作。为了使儿童能够这样做，我们后来制作了矮柜，这样儿童可以方便地选择一些与他们的内在需要相应的教具。因此，重复练习的原则又加上了自由选择的原则。

尽管在"儿童之家"里有一些确实奇妙的玩具，但是，没有一个儿童愿意选择它们。这使我十分惊讶。我决心进行干预，给儿童演示如何玩这些玩具。我教他们如何拿小碟子，如何在小厨房里点火，并在它旁边放一个可爱的娃娃。但儿童只表现出片刻的兴趣，然后就各自走开了。由于他们从来没有自由地选择这些玩具，因此，我认识到，在儿童的生活中，玩玩具也许只是其中很小的一部分，由于没有更好的事情要做儿童才去玩的。当儿童感到他有重要的事情要做时，他似乎是不会进行这种活动的。他视游戏就如同我们看待下棋或打桥牌一样，同样地，对我们来说，下棋或打牌是休闲时的一种快乐的消遣活动，但是，如果我们被迫一直下棋或打桥牌而不做其他事情，那就会感到是一种痛苦。当我们有重要的事情要做时，就会忘掉下棋或打桥牌。由于儿童面前总有一些重要的事情要做，因此，他对玩玩具就不感到特别有趣。

因为每一个儿童不断地从一个较低的阶段发展到一个较高的阶段，所以，他的每一分钟都是宝贵的。儿童正在不断地成长，他会迷恋于对他的成长有帮助的每一件事，而对休闲的工作变得不感兴趣。从儿童的自由选择中，我们能看到他们的倾向和心理需要。其中最有趣的一个发现是，儿童不会选择我们提供的所有教具，而只选择某些同一类的教具。他们总是去挑选同样的教具和一些自己明显偏爱的东西。其他的教具很少被他们留意到，以致积满了灰尘。

我常常把所有各种教具都拿给儿童看，让这位教师把它们分给儿童并讲解如何使用它们，但是，儿童从不主动再次使用其中的一些教具。于是，我认识到，对儿童来说，每一种教具不仅应该井然有序，而且应该与儿童的内在需要相适应。只有消除了教具混乱无序的情况和去掉不必要的教具，才能更好地激起儿童的兴趣和专心。

### 奖励与惩罚

有一天我去学校，看到一个儿童独自坐在教室中央的一只扶手椅子上，无所事事。在他的胸前佩戴着一枚教师为奖励表现好的儿童而发的金十字奖章。然而，这位教师告诉我，这个小家伙正在受惩罚。原来另一位儿童得到了这枚奖章，他起先把它别在自己的胸前，但很快就把它送给了这位正在受惩罚的小家伙。奖章对于他是无用的东西，似乎会妨碍他去从事的工作。坐在椅子上的那个儿童毫不在乎地看一眼奖章，然后安静地环顾教室四周，毫无受到惩罚的感觉。这件事使我们充分认识到奖励和惩罚的无效，但我们应该对儿童作更进一步的观察。后来，长期的实验证实了我们最初的直觉。对那些毫不在乎任何一种处理的儿童来说，教师感到已经无须再去奖励或惩罚他们了。更令我们惊讶的是，大多数儿童经常拒绝奖励。一个得到奖章的儿童把奖章送给其他儿童的事实说明，他并不认为这是一种错误的行为，反而认为是在做一件好事。后来，我们就常常见到那些金十字奖章别在儿童胸前，并没有引起任何的反应。这标志着一种意识的觉醒以及一种微弱的尊严感的出现，而这在以前是不存在的。此后，我们就不再对儿童奖励和惩罚了。

**安静练习**

有一天，我抱着一个只有 4 个月大的女婴到教室去，她的母亲就站在院子里。这个婴儿整个身体紧裹着襁褓，这是盛行的一种风俗。她的脸蛋又胖又红润。她很安静，这种"安静"给我留下了深刻的印象，我要儿童与我分享这种感受。我对他们说："她毫不作声。"然后我开玩笑地补充说："看，她站得多稳啊。……你们谁也不能像她那样好。"（我指出婴儿的脚被包在襁褓里。）使我惊讶的是，我看到所有儿童都异乎寻常地盯着我，并把他们的脚并拢在一起不动。他们似乎在专心地听我讲话，希望领悟到我讲话的意思。"注意，"我继续说，"她的呼吸多么柔和，你们谁也不能像她一样平静地呼吸……"十分惊讶的是，站着一动不动的儿童开始屏住呼吸了。那一刻，出现了一种令人难忘的安静，平时难以听见的挂钟滴答声开始听到了，似乎这个女婴把平时从来没有过的安静气氛带进了教室。这是因为没有一个人会发出可能感觉到声音的动作。他们都专心致志地体验着这种安静，并在脑海中再现它。所有的儿童都参与了这项活动。这不是出于一种激情，因为激情意味着是一种冲动的和外在表现的东西，而它主要是来自一种内心的愿望。那时，所有的儿童都十分安静地坐着，尽可能地控制自己的呼吸，像那些正在沉思的人那样脸上露出一种宁静和专注的神态。在这令人感动的安静中，我们渐渐地能听到极其轻微的如同远处滴水和鸟鸣那样的声音。这件事情就是我们的安静练习的由来。

一天，我想我可以用这种安静来检验儿童听觉的灵敏程度。于是，我在不远处低声叫他们的名字，就像某种医疗检查中的做法一样。无论谁听到他自己的名字就必须走到我面前来，而且走的时候不要发出任何响声。共有 40 个儿童参加这次练习，我想，耐心等待练习对这些儿童来讲也是一种磨炼。因此，我带了一些糖果作为对那些达到要求的儿童的奖励。但他们拒绝拿这些糖果，他们仿佛在说："不要破坏我们美好的体验；我们心里一直是充满欣喜的；不要分散我们的注意。"为此，我终于认识到，儿童不仅对安静敏感，并且对叫他们的声音也很敏感，尽管这种声音在安静环境中几乎很难听到。他们会踮起脚尖慢慢地走过来，并且小心翼翼地不碰撞任何东西以免发出可以听到的响声。

后来，我又清楚地认识到，每一项含有能纠正错误的练习，例如这种以安静制止喧闹的练习，对儿童完善他们的能力来讲是有帮助的。重复这种练习能使儿童在完美的行为上得到训练，而这仅仅通过言教是很难获得的。我们的儿童通过学习如何绕过各种东西而不碰撞它们，通过学习如何轻快地走路而不发出响声，因而变得敏捷和机灵。他们对自己能完美地完成这些动作而感到兴奋。他们颇有兴趣地发现了自己的潜力，并在他们的生命力不断展现的神秘世界中使自己得到练习。

我花了很长的时间才使自己相信，在儿童拒绝拿糖果的背后有它的内在原因。那就是，糖果往往被作为一种奖品提供给儿童，它并不是必要的和规定的食物。众所周知，儿童总是喜欢吃糖果的，因此，儿童拒绝糖果对我来说是如此的不可思议，我希望做进一步的试验。我随身带了一些糖果到学校去，但儿童拒绝接受它或者把它放在罩衫的口袋里。考虑到他们的家庭都很贫穷，我想他们可能要把这些糖果带回家去。我对他们说："这些糖果我给你们的，其他一些糖果你们可以带回家里去。"他们接受了这些糖果，但再一次放进口袋而不吃它。后来，当他们的教师去看望其中一个生病的儿童时，她才发现，儿童对这种礼物是珍惜的。这个小男孩十分感谢老师的来访，并打开一只小盒子，取出一块他在学校中得到的糖果给老师吃。这些诱人的糖果存放在小盒子里已经好几个星期了，而这个儿童一直没有碰它。这种现象在这些儿童中是如此普遍，以至于许多参观者后来到我们学校来只是要证实一下他们在阅读许多书后得知的这一现象。

这是在儿童内部的一种自发的和自然的发展。当然，没有一个人想要教他们修苦行和放弃糖果，也没有一个人会离奇地和荒谬地说："儿童既不应该玩耍，也不应该吃糖果。"当儿童的心理生活升华时，他们自愿地拒绝这些无用的、外在的乐趣。有一天，有人给他们一些烤制成几何形状的小甜饼。这些儿童没有吃，而是目不转睛地看着它们说："这是一个圆！这是一个长方形！"在人们中间流传着另一个有趣的故事，讲的是一个贫家小孩，他注视着在厨房里忙着烹调的母亲。当他母亲拿起一块黄油时，这个小孩说："这是一个长方形！"他母亲削去了一只角，这小孩就说："现在你拿着一只三角形。"接着又补充说："剩下的是一个不规则的四边形。"但他一直没有说人们意料之中的话："给我一些面包和黄油。"

**尊严感**

我还能谈到其他一些颇有点奇怪的事情。有一天，我想给儿童上一堂有点幽默感的课：如何擤鼻涕。在给他们示范运用手帕的不同方法后，我最后还指导他们如何尽可能地做得不引人注意。于是，我以一种他们几乎不能觉察的方式拿出手帕，并尽可能轻地擤着鼻涕。儿童凝神注视着我，没有一个人发出笑声。但是，我刚结束示范他们就热烈鼓掌，掌声就像在剧场中听到的那样长久热烈。这确实使我感到惊讶。我从来没听到过这样小的手竟能发出这么响的声音，我也没想到这些儿童会那么热烈地鼓掌。接着我就明白了，也许我触及了他们极其有限的社交生活中的敏感点。儿童在擤鼻子上往往感到很困难。由于在这件事上他们屡屡遭成人责备，他们对此十分敏感。他们听到的叫嚷和辱骂声强烈地伤害了他们的感情。为了防止丢失手帕，他们在学校里还得把手帕惹人注目地别在围兜上，成人进一步伤害了他们。但是，没有一个人真正地教他们应该如何擤鼻子。我们应该把自己放在儿童的位置上，或者最好说，我们应该懂得儿童容易感受到对自己的嘲笑，因为这些嘲笑会使他们感到丢脸。因此，当我这样做的时候，他们感到这不仅是公正地对待他们，而且抵偿了过去的羞辱，还使他们在社会生活中取得了一种新的地位。无论怎样，长期的经验告诉我，这是对这件事情的正确解释。我逐渐认识到，儿童具有一种强烈的个人尊严感。成人从未能意识到他们的心理是很容易受到伤害和遭到压抑的。那天当我正要离开学校时，这些儿童开始呼喊起来：“谢谢你，谢谢你给我们上的这一课！”当我走出大楼时，他们跟在我后面一直到街上，沿着人行道排列成一支队伍，静悄悄的，直到我最后对他们说：“你们回去吧，走路小心，不要撞到墙角。”这时，他们转过身，飞一般地在大楼门背后消失了。确实，我维护了这些贫困家庭儿童的社会尊严感。

当参观者来到“儿童之家”时，儿童的行为举止表现得既尊严又自重。他们知道如何热情地接待这些来访者，并给这些来访者看看他们是怎样进行工作的。有一次，有人预先通知我们，有一个重要的人物要单独跟这些儿童在一起以便能够观察他们。我告诉这位教师：“听其自然吧！”然后我又面对儿童说：“明天你们将有一位客人要来，我希望他会认为你们是世界上最好的儿童。”后来，我问这位教师这次访问进行得如何。她回答说：“这是一次巨大的成功。有些儿童给这位客人一把座椅，并很有礼貌地说：‘请坐’。其他儿童说：‘早晨好。’当这位客人要离开时，他们都把身子探出窗喊道：‘谢谢你的来访，再见！’”我问这位教师：“你为什么要教他们这样呢？我告诉过你不要做任何特殊的事情，要让一切听其自然。”她回答说：“我没有跟儿童讲任何事情。那是他们自己这样做的……”她又补充说：“我甚至不能相信自己的眼睛，我对自己说肯定是天使激励着他们。”然后，她又继续告诉我，儿童比平时更勤奋地进行工作，所有的工作都干得很出色，令这位来访者惊叹不已。

很长一段时间，我对这位教师所说的话有点疑惑。我担心她也许要这些儿童进行准备或排练，于是我再次向她问起这件事。但最后我认识到，儿童已经有了他们自己的尊严感，他们知道如何去工作以及如何真诚友好地接待来访者。他们尊重自己的客人，为能向客人表演自己所能做的工作感到自豪。我不是对他们讲过"我希望你们的客人会认为，你们是世界上最好的儿童"吗？但是，可以肯定，并不是我说的话使他们如此去做。无论何时，当我对他们说"你们将有一位客人要来"，这就等于宣布客人已到了会客室。这些具有尊严感和富于自信的儿童，总是乐意接待客人的。

因而，我懂得了有些事情是很简单的然而又是神奇的。这些儿童再也没有过去的那种羞怯。在他们的心灵和周围环境之间已不存在任何障碍。他们的生命力充分地和自然地展现，就像莲花伸展出白色花瓣接受阳光的哺育，散发出芬芳的花香。重要的是，儿童发现在他们的发展道路上已没有障碍。他们无须隐藏，无须恐惧，无须回避。事情就是那么简单。我们可以说，其原因就在于他们能迅速和完美地适应他们的环境。

这些儿童是机灵的和活泼的，但又总是镇定的，不时散发出一种精神的火花，使与他们接触的成人从心底里感到振奋。他们欢迎所有给他们带来关爱的人。因此，那些重要的人士开始访问"儿童之家"，并获得了一种新的和令人振奋的印象，这些儿童也成了社会生活的中心。看到一些普通来访者在参观后难以掩饰他们自己的兴奋心情，这往往是令人感到好奇的。例如，一些女士衣着华丽和佩戴珠宝，似乎她们去出席一个招待会，但是，当她们见到如此有活力的天真的和谦虚的儿童时，她们不仅表示欣喜，而且大加赞美；当她们听到年幼的儿童向来访的客人致欢迎词时，她们感到很高兴。这些儿童抚摸着女士们华丽的衣料，拉住她们柔软芳香的手。有一次，一个小男孩走到一位居丧的女士面前，把自己的小脑袋紧靠着她，然后把她的一只手放在自己的双手中间，以表示哀悼。这位女士后来非常激动地说，没有一个人像这个儿童那样给她如此的安慰。

### 自发的纪律

尽管儿童在行为举止上有自由，但总的看来他们给人的印象是非常有纪律的。他们安静地工作，每一个人都专注于自己的工作。当他们去取出或送回他们操作的教具时，都安静地走来走去。他们会离开教室，在院子里张望一下，然后又回来。他们执行教师的要求快得惊人。这位教师告诉我："儿童会照我所说的去做，以至于我开始感到我要对我所说的每一句话负责。"如果教师要求儿童进行安静练习，那么，事实上，在她提出要求之前，他们就会一动不动。然而，这种表面的服从并没有阻止儿童独立地行动，也没有妨碍他们按自己爱好安排一天的活动。他们拿自己工作所需要的教具，并把学校整理干净。如果教师来迟一点或单独让儿童留在教室中，一切都会照常进行。最吸引参观者的是，把秩序和自发的纪律结合在一起。

即使在十分安静中也表现出极好的纪律，以及在提出要求之前儿童就表现出服从。这些表现的源泉是什么呢？当儿童进行工作时，教室中十分安静，这是非常感人的。没有一个人破坏过这种安静气氛，也没有一个人能通过外在的手段获得这种安静的气氛。也许这些儿童找到了他们的运行轨迹，就像星星不停地运行和周期性地闪闪发光一样。这种自然规律似乎超越它的直接的环境，并表现为支配世界的宇宙规律的一部分。人们具有这种观念，那就是，这种自然界的规律肯定为所有其他形式的规律，例如，社会生活的规律提供了基础，其他形式的规律都是由外部的和直接的重要性决定的。事实上，激起最大的兴趣和为教育理论提供最多养料的一个事情，恰恰就是只有在秩序和纪律的基础才能有自由这一事实，这一观点对某些人来说是难以理解了。

有一天，意大利总理的女儿陪同阿根廷共和国大使来参观"儿童之家"。这位大使提出，对他的访问不要预先通知，这样就可以更确切地证实他经常耳闻的情况。但当他们一行到达学校时，才知道因为是假日学校不开门。当时，在院子中的一些儿童马上走过来，其中一个儿童很自然地解释说："今天是假日。但这没有关系，我们都在这幢大楼里，门卫有钥匙。"于是，这些儿童跑到各处去叫他们的小伙伴。教室的门打开后，他们都自己工作起来。他们令人惊讶的自发性行为无疑得到了证实。

儿童的母亲已经意识到这样的事实。可以想象，当包括意大利国王和王后以及一些名人在内的访问者来到院子里看望她们的孩子时，这些住在公寓大楼里的家庭是多么的惊讶。她们以前从未见过这样的场面。这些儿童的母亲经常会跑到我这儿告诉我在她们的家里所发生的事。她们悄悄地说："这些三四岁的小孩，如果不是我们的小孩，那他们所说的话会令我们恼火的。例如，他们会说：'你的手多脏，该洗一洗了。'或者会说：'你应该擦掉衣服上的脏东西。'当我们听到他们对我们说这种话时，我们并不恼火，但仿佛又在梦中。"如今，这些贫困的家庭变得更清洁更整齐。破碎的锅罐开始从他们的窗台上消失了。擦干净的窗户玻璃在阳光下闪闪发光，院子花坛中的天竺葵也开始怒放了。但是，给人印象最深刻的是，一些妇女经常把天竺葵放在学校的窗台上和地板上，并烧煮一些特别令人喜爱的菜肴送到教室以表示感激的心情，而且还不让教师知道谁在这样做。

### 书写与阅读

有一天，有两三位母亲作为代表来找我，要求我教她们的小孩阅读和书写。这些妇女自己都是文盲，当时我反对这样做，认为这样的要求超过了我原先的设想，但她们一再恳求。

接着，一些最令人惊讶的事情发生了。我教这些四五岁儿童的是一些字母，于是我让这位教师用硬纸板做成这些字母。有些字母是用发亮的纸板做成的，这样，儿童既可以用手指在上面顺着字形写，又可以感知它们的形状。我把这些字母放在板上，把形状相似的字母归类在一起，使得儿童在触摸这些字母时，他们的小手就会顺着字形进行有点相同的描摹动作。这位教师喜欢这种安排，也没有对这些儿童提供更多的帮助。

我不能理解这些儿童为什么如此激动。它们把这些字母像旗帜一样高举起来，列队绕圈行走，并且欣喜地高呼着。这是为什么呢？有一天，我惊讶地看到一个小男孩独自一个人在走路，口中不断地重复着："要拼'sofia'这个字，你必须有一个'S'，一个'O'，一个'F'，一个'I'和一个'A'。"他重复说这些字母拼成了这个词。实际上，他是在对自己头脑中的一个词进行研究和分析，并且寻找组成这个词的语音。依靠对探究的浓厚兴趣，这个儿童终于认识到，这些语音中的每一个音都对应着一个字母。事实上，很多字的拼音不就是语音和符号之间的对应吗？口头语言本身就是讲出来的东西，书面语言仅仅是逐字把语音转变成可见的符号。它们两者的平行发展标志着书写的进步。书面语言最初是从它的相应的口头语言中提炼出来的，就像滴水汇成大河一样，后来它们汇成了一条有特色的溪流：字词和说话。

人们发现了一个真正的秘密，那就是，书写对字词和说话两方面都有好处。它使手几乎无意识地掌握一种与说话同样重要的技能，并且创造能完全精确地反映口头语言的另一种语言，即书面语言。因此，脑和手都是书写的受益者。手提供了一种新的动力，就像变成瀑布的一滴水一样。整个语言逐渐具有它的书面形式。因为它是由一些语音组成的一条溪流或一个瀑布。

作为文字发展的一种自然结果，书写的出现是合乎逻辑的。为此，手肯定具有描摹的能力。一般地说，这些字母的符号是很容易描摹的，因为它们仅仅代表特定的语音。但是，在"儿童之家"里所发生的一切令人惊讶的事情完全出乎我的意料，在这之前我一点也没有想到。

有一天，一个儿童开始学习书写。他是那么的惊奇，以至于他大声喊叫："我会写字了，我会写字了!"其他儿童极有兴趣地围上去，看着他用粉笔写在地板上的那些字。"我也会，我也会!"他们也叫嚷着跑去找写字的地方。一些人拥挤在黑板的周围，其他人趴在地板上。他们都开始学习书写，就如一次爆炸一样。这种孜孜不倦的活动像一股洪流势不可挡。他们在家里到处都写，在门上、墙上，甚至在面包上写。这些儿童只有 4 岁左右，他们书写才能的显露是我们完全没有料到的。例如，这位教师就告诉我："这个小男孩是从昨天下午 3 点开始学习书写的。"

我们感到好像目睹了一个奇迹。我们曾经收到一些插图精美的书籍。当我们把这些书发给儿童时，他们是很冷淡的。这些书中有精美的图片，但这些东西只会使他们分心，而不能全神贯注于书写这项新的和有吸引力的工作。因为他们这时要写字而不是要看图片。也许这些儿童以前从未见到过书，但很久以来我们一直试图激起他们对书籍的兴趣。要使他们理解我们所说的"阅读"的含义，那更是不可能的。因此，我们就撇开这些书，等待一个更合适的时机。儿童不大喜欢阅读别人所写的东西，似乎是他们还不能读出这些字。当我大声地念出他们所写的字时，大多数儿童转过脸来呆呆地看着我，似乎在问："你怎么知道的?"

大约 6 个月后，儿童开始理解所阅读的字的含义。他们之所以能取得这种进步，不过是阅读和书写结合起来了。当我在一张纸上描字时，他们都注视着我的手，并认识到我正在与说话一样表达我的思想。当他们认识到这一点后，就开始拿起我写过字的那张纸，走到角落里并试图阅读这些字。他们只是默读，并没发出声音来。由于努力思考而皱起的小脸突然露出了笑容，并且高兴地蹦跳起来，仿佛隐藏在他们体内原来紧压的弹簧突然放松了。这个情景告诉我，他们已经读懂我所写的这些字了。我所写的每一个句子都是一个命令，例如，我曾经用口头语言表达过的："开窗""到我面前来"，等等。这就是儿童阅读的开始。不久，他们就能阅读包含有复杂命令的长句子。但是，这些儿童似乎仅仅把书面语言理解成表达自己思想的另一种方式，就像口头言语是人与人之间直接进行交往的一种方式一样。

事实上，当参观者来访时，许多以前用口头方式致欢迎词的儿童现在保持安静。他们会站起来，在黑板上写"请坐，谢谢你们的来访"，等等。有一天，我们正在谈论西西里岛所发生的那场可怕的灾难：地震彻底毁坏了墨西拿城①，造成数千人死亡。这时，一个大约5岁的儿童站起来，走到黑板前写上："我感到遗憾……"我们注视着他，估计他将对所发生的事情口头表示悲哀。但他继续写："我感到遗憾，我是一个小孩。"这似乎是一种奇怪的自我中心的反应。但这小家伙又接下去写："如果我是大人，我会去帮助他们的。"这个儿童已经写出了一篇小文章，并表达了他内心的善良。他的母亲是依靠在街上卖草药维持生计的。

后来，还有一些更令人惊讶的事情发生。当我们正在准备一些材料教儿童识印刷体字母，以便他们能再一次读这些书时，这些儿童开始阅读在学校中所能发现的印刷体字母。但有些字母很难辨认，例如日历，因为日历上的字母是用哥特体②印刷的。与此同时，这些儿童的父母告诉我们，他们的小孩在街上停下来读商店招牌上的字母，因此外出时跟孩子一起走路是不行的。显然，这些儿童感兴趣的是认识这些字母而不是读这些句子。他们希望学习另一种书写方式，并通过知道字的含意去这样做。这是一个直觉的过程，就像成人辨认刻在岩石上的史前文字一样。成人猜出那

---

① 墨西拿城是意大利西西里岛东北端的城市，1908年全城为强震所毁。

② 哥特体，中世纪北欧国家流行的字体。

些符号中的含义就证明他们已经把它们正确辨认出来了。儿童对任何印刷体的即刻的和强烈的兴趣同样源自这样的一种动机。

如果过于匆忙地对这些儿童解释这些印刷符号，我们就可能扼杀他们探究的兴趣和渴望。过早地强求儿童通过书本来识字，对他们是没有帮助的。展现这些并不很重要的东西，也会削弱他们充满活力的心理能量。于是，在很长一段时间里，这些书一直收藏在柜子里。只是到后来，儿童才接触这些书。那是以一种很有趣的方式开始的。一天，一个儿童很兴奋地走到学校里来，他手中捏着一张从一堆废纸中捡来的已揉皱的纸，悄悄地对他的一位同伴说："你猜这张纸上有什么东西。""什么也没有。它只是一张纸。""不，这张纸里有一个故事。""上面有一个故事?"这立刻吸引了一群好奇的儿童。这个儿童拿着这张从书本上散落下来的纸，开始读起来，读那个故事。最后，儿童理解了书本的重要性，书本也就成了他们迫切需要的东西。然而，当他们在书上发现一个有趣的故事时，许多儿童会把这一页撕下来带走了。那些可怜的书啊！它们价值的发现竟会是遭到人为的破坏。这种情况的发生会使往常平静的学校秩序变得混乱起来，因此，我们必须管住这些由于喜爱阅读而变得具有破坏性的小手。甚至在他们学会阅读书本和尊重书本之前，这些儿童在我们的帮助下已学会正确地拼音和书写，并能与初等学校的三年级学生相媲美。

**身体的发展**

在这段时间里，我们没有做任何事情去改善这些儿童的健康状况。但是，现在没有一个人能从他们红润的脸蛋和机灵的眼神中看出，他们曾经是迫切需要食物、滋补以及医疗保健的营养不良和贫血的儿童。他们身体很健康，好像是由于呼吸新鲜空气和晒太阳而得到的。

事实上，如果说心理的压抑会影响一个人的新陈代谢并因而降低了其活力的话，那可以肯定，也会发生相反的情况，那就是，富有激励作用的心理体验能够增加新陈代谢的强度，并因而促进一个人的身体健康。我们对"儿童之家"的这些儿童所做的工作就证明了这一点。现在，这个真理已被人们普遍地接受了。而且我们的经验在当时曾引起了很大的轰动。

在人们谈论"奇迹"的过程中，最有说服力的是，关于这些创造奇迹的儿童的报道迅速地在全世界传播。出版界出版了有关他们的书籍，甚至赋予灵感的小说。虽然这些作者正确地描述他们所看到的情况，但他们仿佛是在描绘一个没有被发现的世界。人们谈论对人类心理的发现，谈论"奇迹"，他们还引用这些儿童的谈话。最近出版了一本有关他们的英文书籍，书名为《新儿童》（*New Children*）。许多来自遥远国家的人，尤其是美国人，来到这里以证实那些令人惊讶的事实。

# 第三章　正常化

## 教育原则

对一些事情和印象的简要描述将阐明这个"方法"问题。通过什么方法才能获得这样的结果呢？下面就是对这个问题的看法。

人们并没有看到方法，而看到的只是儿童。人们可以看到，没有障碍物约束的儿童心理在根据它的本性去活动。我们所列出的童年期的那些特征全是属于儿童生活的，就像鸟的色彩、花朵的芳香一样。它们根本不是任何"教育方法"的产物。然而，很明显，儿童的自然特性会受到教育的影响，因为教育试图采用一种帮助儿童自然发展的方式去保护儿童和培育儿童。这类似于新品种的花朵的培育。经过适宜的照管和工艺，园艺学家就可以改良花朵的色彩、香味和其他的自然特性，但不会改变花朵会开花的基本特性。

在"儿童之家"里的那种现象表现了儿童的一些天赋的心理特征。这些心理特征没有植物的生理特征那样明显，因为儿童的心理生活是那么易变，以至于在一种不适宜的环境中它的特征会完全消失，并被其他东西所替代。所以，在讨论教育发展之前，我们必须创造一个适宜的环境，这个环境将促进儿童天赋的正常发展。要实现这一目的，最需要的是消除障碍物，这是教育的基础和出发点。因此，问题不仅仅是发展儿童的现有特征，而且还要发现儿童的本性。只有这样，才有可能促进儿童的正常发展。

如果考察那些能偶然引起儿童正常特征发展的条件，我们可以看到某些条件是特别重要的。其中，第一个条件是把儿童安置在一个愉快的环境里，在那里儿童感到没有任何的压抑。那些来自贫困家庭的儿童肯定会发现他们的新环境是很舒适的——整洁白色的教室，特地为他们制作的新的小桌子、小凳子和小扶手椅，以及阳光下院子里的小草坪。

第二个条件是成人的积极作用。儿童的父母是文盲，而他们的教师没有通常学校教师的傲慢和偏见。这样的情况导致了一种"理智的沉静"。人们早就认识到教师必须沉静，但这种沉静往往被认为是一种性格和神经质。但是，一种更深沉的沉静是一种无杂念的、更好的和无阻碍的状态，它是内心清晰和思考自由的源泉。这种沉静由心灵的谦虚和理智的纯洁组成，是理解儿童所必不可少的条件，因此，具有这种沉静是教师准备的最必要的部分。

另一个重要的条件是要给儿童提供合适的、吸引人的和科学的感官材料，以便进行感官训练。儿童能被这些完善他们感知的材料所吸引，并能对运动进行分析和改进。这些材料还能教他们如何集中注意力，这绝不是通过教师说一说就能做到的，因为教师的说是一种来自外部的力量。

从这里我们可以看到，儿童正常发展需要适宜的环境、谦虚的教师和科学的材料，这是我们对儿童进行教育的三个外部条件。

现在，让我们试图发现一些儿童的表现方式。最令人惊讶的是，连续的活动这种方式几乎能像魔杖一样叩开儿童天赋正常发展之门。这种活动要求受心理指导的手的运动专注于一项简单的工作上。我们发现，儿童特征的发展显然来自一种内在的冲动，例如，"重复练习"和"自由选择"，这是真正的儿童所进行的活动。我们看到，一个儿童欣喜地和不知疲倦地从事工作，因为他的活动就像一种心理的新陈代谢，这种新陈代谢与他的生命和发展是相连的。于是，儿童自己的选择成为他的指导原则，他热情地对诸如安静一类的练习做出反应，他喜爱一些能导向荣誉和正义的课程，他急切地想学会使用那些能发展他的心理的工具。然而，他厌恶诸如奖品、玩具和糖果之类的东西，有时还向我们展现他需要秩序和纪律，这也是他所关心的。但他仍是一个真正的儿童，充满朝气、真诚、欢乐、可爱，高兴时叫喊着、拍着手，到处奔跑，大声迎接客人，反复感谢，用召唤和追随来表示感激，友善待人，喜欢看到的东西，使一切适应自己。

我们可以把儿童自己选择的东西和他自发的表现方式列一张表。同时，我们还可以加上那些他所抵制的东西，这些东西在他看来是浪费时间的。

第一项，儿童喜欢的东西：

个人工作

重复练习

自由选择

控制错误

运动分析

安静练习

社会交往的良好行为

环境秩序

个人整洁

感官训练

书写和阅读

复述

自由活动

第二项，儿童抵制的东西：

奖励和惩罚

拼字课本

玩具和糖果

教师的讲台


无疑地，从这张表中，我们可以发现一种教育方法的轮廓。总之，儿童本身已经为一种教育方法的构建提供了实际的和明确的、甚至可以说已得到验证的原则。在这种教育方法中，儿童自己的选择是一个指导原则，他们的自然活力可以阻止错误。

人们惊奇地认识到，在一种真正的教育方法的构建过程中，这些原则始终起着作用。这也是长期的经验所证明的。它使我们想起脊椎动物的胚胎。在这种胚胎中，我们可以看到将来会变成脊椎的一条模糊的线。在这条线的内部可以看到一些点，这些点将渐渐发展成互不相连的椎骨。我们可以进一步作比较。这种胚胎本身分成了三个部分，即头部、胸部和腹部。同样地，我们教育方法的基本轮廓也有一个排列成线状的整体，它具有一些专门特征，这些特征将像椎骨一样会渐渐变化；而且，这个整体也包括三个基本要素，即环境、教师和儿童所使用的各种教具。

一步一步地追踪这种基本轮廓的演变是很有趣的。在人类社会中，最初的工作是受儿童指导的。这表明了那些原则的演变，它们自己起初表现为一些从未被想到的新发现。这种特殊的教育方法的不断发展最好被看成是一种演变，因为其中新的东西来自生命，而生命的发展是依靠它的环境的。环境本身进而成为某种特殊的东西。虽然它是由成人提供的，但它实际上是通过儿童生命的发展所展现的新模式的一种积极的和主动的反应。

这种教育方法非常迅速地被应用于为所有种族和社会条件的儿童提供的学校，这给我们提供了丰富的实验资料，并使我们能够看到共同的特征和普遍的趋势。因此，我们可以说，自然规律应该构成教育的首要基础。

特别有趣的是，仿效第一所"儿童之家"而建立的那些学校采用了同样的原则，即在从外部采取既定的具体方法之前，期待儿童的自发表现。

## 遭受不幸的儿童

在罗马第一批创建的"儿童之家"中，从其中一所"儿童之家"可以发现一个令人感动和值得赞美的例子。这所"儿童之家"的情况与我们第一所"儿童之家"是不同的，因为它的创建是为了照料在墨西拿地震（意大利历史上最大的灾难之一）后幸存下来的那些孤儿。在墨西拿城的废墟周围发现了约 60 名幸运地活下来的儿童，没有一个人知道自己的姓名或家庭背景。那场可怕的地震使他们都变得沮丧、沉默、冷淡，他们难以进食和睡眠，晚上常常听到他们大声叫喊和哭泣。

意大利皇后对这些不幸的儿童极为关心，为他们提供了一个欢乐的场所。他们的新家有着适合他们使用的各种色彩鲜艳的小家具，其中包括：有门的小柜、小圆桌、稍高的长方形桌子、立式小凳和小扶手椅。窗户都悬挂着彩色的窗帘。餐具设施也特别引人注目，儿童有自己的小刀、叉、匙、盘子、餐巾，甚至肥皂和毛巾的大小也跟他们的小手相适应。在每件东西上都摆着一个考究的装饰品。教室墙上挂着一些图画，四周摆着一些花瓶。被用来安置这些不幸儿童的场所是圣芳济修会的一个寺院，有着宽敞的花园、宽阔的走道、金鱼池和鸽房。在这种环境里，身着灰长袍并罩着庄严的长头巾的修女平静地走动着。

这些修女教儿童有良好的行为举止，并使他们的行为举止逐步得到改善。在这些修女中，许多人过去是贵族。这些人回忆起她们过去在上流社会里的行为方式，并把这些教给似乎永不知足的儿童。儿童学习像王子一样用餐，学习像最好的侍从一样端菜。虽然他们失去了对食物的自然欲望，但他们对所学到的新知识和进行各种活动显得很高兴。渐渐地，他们的食欲恢复了，也能很快地入睡。在这些儿童身上所产生的变化确实给人们留下了深刻的印象。可以看到，他们到处奔跑和跳跃，或把东西提到花园去，或把房间里的家具搬到树下，既没有损坏任何东西，也没有碰撞任何东西。在整个过程中，儿童的脸蛋上呈现出欢乐和幸福。

那时，有人第一次使用了"皈依"这个词。意大利最著名的一位女作家评论说："这些儿童使我想起了皈依。也就是征服忧愁和沮丧并逐渐上升到更高的生活层次的不可思议的皈依了。"尽管这是一种充满矛盾的表述，但这个想法在许多人的心里留下了深刻的印象。"皈依"似乎是跟童年时期的无知状态相对立的，然而，这个词强调了对所有人来说都一目了然的精神变化。儿童在经历了一种精神更新之后，他们摆脱了悲伤和放任，产生了欢乐和纯净。如果我们把放任和悲伤看作是一种对完美状态的背离，那么，恢复纯净和欢乐的状态就意味着皈依。

这些儿童是真正的"皈依"了，他们从一种悲伤的状态转变为欢乐的状态，他们克服了许多根深蒂固的缺陷。但还不仅仅如此，他们身上某些通常被看作是优点的特征也消失了。因此，这些儿童带来了一种令人迷惑的更新。他们用一种不可思议的方式表明，人已经犯了错误，必须完全更新。这种更新只有在一个人的创造力的源泉中发现。如果没有这种复杂的表现，我们学校里这些来自几乎绝望状态的儿童，就不可能正确区别自己身上什么是善，什么是恶，因为对于成人来说这早就确定了。儿童的善是根据他们对成人生活环境的适应来衡量的，而不是相反。正是由于这种错误的观念，儿童的自然本性被掩盖住了。天真无邪的儿童消失了，他们在成人社会生活中完全是一群陌生人。善与恶的评判已把儿童隐藏起来了。

## 富裕家庭的儿童

生活在不正常的社会环境下的另一类儿童是富裕家庭的儿童。人们可能会认为，教他们肯定比教我们第一所"儿童之家"中的贫困家庭的儿童或墨西拿地震后幸存下来的孤儿要容易得多。但事实上他们是如何"皈依"的呢？正如他们的家庭一样，富裕家庭的儿童被社会所能提供的奢侈品所包围，似乎享有特权。但是，只要引证欧洲和美国的一些教师的经验就足以说明问题。这些教师给我谈了他们最初的印象，并描述了他们在抵制这种观念时所遇到的困难。

尽管富裕家庭的儿童居住环境豪华，有花园小径以及鲜艳的花朵，但这一切对他们没有吸引力。他们对那些能使贫困家庭儿童着迷的东西也不感兴趣。因此，他们的教师确实感到迷茫和毫无信心，因为他们只选择自己偏爱的东西。在一些学校里，那些贫困家庭的儿童，通常会迫不及待地朝着提供给他们的东西奔去。但是，富裕家庭的儿童早已玩腻了那些精致玩具，作为一种刺激物提供给他们玩时，他们却不会立即做出反应。

一位美国教师 G 小姐从华盛顿给我写信道："这些儿童互相从其他人手里抢教具。如果我试图拿某个教具给其中一个人看时，其他人就会丢掉他们手中的教具，吵吵嚷嚷和毫无目的地围住我。当我对一个教具解释结束时，他们全部会为它而争起来。这些儿童对各种各样的感官材料并没有表现出真正的兴趣。他们的注意力从一个教具到另一个教具，没有片刻的留恋。有一个儿童就喜欢走动，以至于他坐在那里的时间不足以用手摸遍提供给他的那些教具。在许多情况下，这些儿童的运动是没有目的的：他们只会满屋地奔跑，毫不关心值得注意的东西。他们碰撞桌子，掀翻椅子，踩在为他们提供的教具上。有时候，他们会开始在某个地方工作，然后就跑开了，捡起另一件教具，但接着又随意地把它丢掉了。"

D小姐从巴黎给我写信道："我必须承认我的经验实在是令人沮丧的。儿童对任何工作的专注不会超过一分钟。他们没有主动性，不能持久。他们就像一群羊一样，常常相互跟来跟去。当一个儿童拿着某件教具时，其余人也要这件教具。有时候，他们甚至在地板上打滚而把椅子弄翻。"

下面简单地描述来自罗马的一所招收富裕家庭儿童的学校："我们主要关心的事情是纪律，因为这些儿童在工作时乱搞一通，并拒绝接受指导。"但现在的纪律情况有所好转。

G小姐继续写她在华盛顿的经验："若干天后，这个旋转粒子的星云群（不守秩序的儿童）开始呈现一种确定的形状。看起来，似乎是儿童开始自己指导自己。他们开始对起初被看作傻乎乎的玩具而不在乎的一些教具产生了兴趣。作为这种新的兴趣的结果，他们开始作为独立的人而行动。一个能吸引儿童全部注意力的教具使他们不会被另一个教具所吸引。这些儿童已经关注他们各自感兴趣的东西。"

"当一个儿童找到了能自发地激起他强烈兴趣的某种东西、某个特别的教具时，他实际上赢得了这场战斗。有时候，这种热情是突然产生的，并没有任何预兆。我曾经试图用学校中几乎所有不同的教具来激发一个儿童的兴趣，但丝毫没有引起他的注意。但是，偶然有一次，我给他两块写字板，一块红色，另一块蓝色，要他注意这两种不同的颜色。他立刻伸出手，似乎他一直在急迫地等待它们。在这堂课里，他认识了5种颜色。在随后的几天里，他拿起了所有过去他的各种教具，逐渐地变得对所有东西都感兴趣了。"

"有一个儿童，他的注意力最初只能维持最短的时间。后来由于他对所使用的一个称之为'长度'的最复杂的教具感兴趣，就摆脱了这种紊乱的状态。整整一个星期，他不断地玩这个教具，学会了如何数数和做简单的加法。然后，他又开始用那些较简单的教具进行工作，变得对这个教育体系中的各种教具都感兴趣。"

"一旦儿童发现了某种使他们自己感兴趣的教具，他们就克服了那种不稳定性，而学会了全神贯注。"

同一位教师还就激发儿童的个性作了下面的描述："有姐妹俩，一个3岁，另一个5岁。这个3岁的女孩根本没有她自己的个性。在所有的事情上她都仿效她的姐姐。如果姐姐有一支蓝色铅笔，妹妹就会不高兴，直到她也有一支蓝色铅笔为止；如果姐姐吃黄油面包，妹妹就除了黄油面包外其余什么都不吃，等等。她对学校中任何事情都不感兴趣，只会到处尾随她的姐姐，模仿姐姐所做的每一件事情。然而，有一天，她变得对红色立方体感兴趣了，她搭起了一座城堡，并多次重复这项练习，完全忘记了她的姐姐。这使她的姐姐感到迷惑不解，喊住她问道：'为什么我在搭圆圈时你却在搭一座城堡？'正是从那天起，这个小女孩展现了她自己的个性并开始发展，而不再是她姐姐的一个影子。"

D小姐描述了一个4岁的女孩。这个女孩根本不能拿一杯水而不使杯里的水溅出来，即使这个杯子只有半杯水也不行，所以，她故意要避免做这种事。但是，在她成功地完成了自己感兴趣的另一项练习之后，她开始能毫无困难地拿几杯水，在给正在画水彩画的同伴送水时，能够做到不溅出一滴水。

一位澳大利亚教师B小姐给我们报道了另一个很有趣的事实。在B小姐的学校里，有一个小女孩还不会讲话，只能简单地发一些模糊的音节。

她的父母十分焦急，把她带到一位医生那里去检查她是否智力迟钝。有一天，这位小女孩对立体的镶嵌物感兴趣了，就用大量的时间把那些小的木质圆柱体从它们的洞孔里取出来，再放回去。在她以强烈的兴趣一遍又一遍地这样做之后，她跑到教师面前说："你来看！"

B小姐还写了儿童在他们的工作中的欢乐。她写道："当我们出示一些真正新的东西时，我们感到，儿童会表现出自豪。当他们学会非常简单地做一些事情时，他们会在我们身边手舞足蹈，并伸出他们的手臂勾住我们的脖子；而且，他们会告诉我：'这全是我自己做的。你没想到我会吧！今天我做得比昨天好。'"

D小姐继续报道说："圣诞节之后，这个班发生了巨大的变化。我没有作任何干预，秩序似乎是他们自己建立起来的。这些儿童似乎陶醉在他们的工作里，不再像以前那样杂乱地工作。他们主动地走到柜子那里，选择他们以前感到厌烦的那些教具，并相继地取出它们，没有表现出丝毫疲倦的样子。因此，在班级中已经形成了一种工作的气氛。那些过去仅凭出于一时冲动去选择教具的儿童，现在表现出他们有一种内在的需要。他们把自己的精力集中在一些精确的和有条理的工作上，并在克服困难时体验到一种真正的快乐。这种工作对他们的性格产生了直接的效果。他们成了他们自己的主人。"

给D小姐留下最深刻印象的一个例子是一个4岁半的小男孩，他的想象力异常丰富。他的想象力如此活跃，以至于给他一个教具时，他不去注意它的形状，而是立即使它人格化，同时也使他自己人格化。他滔滔不绝地说话，无法把自己的注意力集中在那些教具上。由于他的心理如此紊乱，他在活动中的表现就很笨拙，例如，他甚至不能系一个纽扣。突然，某种奇迹开始降临到他身上。D小姐说："我对他的显著变化惊讶不已。他把一项练习当作自己最喜爱的工作，进行一项又一项练习。由此，他变得沉静了。"

# 儿童的皈依

在我们制定真正的方法之前，那些学校教师提出的那些陈旧的和权威的观点可能已在无止境地重复着，它们基本上是相同的。相似的事情和相似的困难，几乎在所有明智的和慈爱的父母关注着的"幸福"儿童的生活中都可以发现，虽然有些精神上的困难是跟物质上的富裕相联系的。这就说明了为什么基督那句著名的话能在每一个人的心里扎根："赐福给那些精神贫乏的人！……赐福给那些悲哀的人！"

但是，所有的人都受到了召唤，如果他们克服了各自的困难，就能响应这个召唤。因而，"皈依"的现象属于童年。问题在于，这是一种迅速的、有时几乎是瞬息即逝的变化，始终来自同一原因。皈依使儿童的活动不是集中在一项有趣的工作上，这样的例子我一个也举不出。各种各样的皈依就是这样产生的。神经质的儿童变得平静了；有压抑感的儿童重新获得了活力；所有的儿童共同沿着这条有纪律的工作之路继续前进。这种进步是通过内在的能力而取得的。这种内在的能力已找到一种表现方式，能在外部的行动中表现自己。

这些事实具有一种剧变的特点，它预示着儿童以后的发展。可以把它们比作儿童有一天突然长出他的第一颗牙齿、说他的第一句话或跨出他的第一步。此后，其他的牙齿将跟随第一颗牙齿而长出，说话将随着第一句话而出现，走路的技巧将随跨出的第一步而获得。因此，对每一个社会环境中的儿童来说，发展已受到阻止，或者可以说，发展被引入了一个错误的方向。我们的"儿童之家"在世界各地的扩展，表明了儿童皈依的普遍性。通过一种详细的研究，可以发现许多独特的品质消失了，而被相同的品质所取代。儿童早期的一些错误将会成为他心理生活中无数畸变的根源。

我们注意到这个奇怪的事实，儿童的皈依是一种心理治疗，使儿童回复到正常的状态中去。实际上，正常的儿童是一个智慧早熟、已学会克制自我、平静地生活以及宁可有秩序地工作而不愿无所事事的儿童。当我们利用许多实验的结果去看这个事实时，我们可以更正确地把"皈依"称之为"正常化"。人的真正本性隐藏在他自身里。所以，这种本性在他诞生时就给予他了，我们必须承认这种本性并允许它发展。

但这种解释并不会消除儿童皈依的现象。也许成人也会以同样的方式皈依，但是，这种变化是那样的困难，以至于不能把它看作是人性的一种简单回归。在儿童身上，正常的心理品质可以容易地形成。到那时，所有不正常的心理品质都消失了，正如恢复健康之后疾病的所有征兆都消失了一样。如果我们用这种眼光去看待儿童的话，那我们就能更快地认识到，即使在不适宜的环境中儿童的正常化也会自发地展现。虽然由于儿童的正常化没能得到承认和帮助，这些正常发展的迹象会被否定，但它们仍然会作为生气勃勃的力量而得到恢复。这些力量能越过障碍物，使得它们的要求得到满足。可以这样说，儿童的正常能量就像基督的声音，教导我们要宽恕，不是"7次"，而是"77次"。尽管成人压抑儿童，但儿童从他本性的深处不断地原谅成人，并努力使自己成熟起来。所以，儿童正在不断地跟压抑他的正常发展的力量进行斗争。

# 第四章　儿童的心理畸变

## 心理畸变的原因

通过对儿童特征的观察，我们惊讶地发现，正常化会导致许多童年时期特征的消失，既包括那些被认为是缺陷的特征，还包括通常被看作是"优点"的特征。在那些消失的特征中，不仅有不整洁、不服从、懒散、贪婪、自我中心、好争吵和顽皮，而且还有所谓的"创造性想象"、喜欢故事、对个别人的依恋、顺从、玩耍等等。它们还包括那些一直进行科学研究和被看作是童年期的那些特征，例如，模仿、好奇、反复无常和注意力不集中。这表明，儿童的本性至今尚未被了解，儿童真正的和正常的个性被披上了伪装的外衣。更惊人的是，这个事实是普遍的，而且也不是新的。在很早的时候，人已被认为具有双重本性。第一种本性是在人的创造时期给予他的。第二种本性意味着人的最初罪恶，即违背了规律而产生的结果。在这之后，人就像一只船漫无目的地到处漂流，受他的环境和他自己心理的幻觉所支配。因此，人迷途了。这种总结人生哲学的观念有助于我们理解和阐释儿童的生活。一个人可能会被某种自身很小的东西引入歧途，这种东西在关爱和帮助的伪装下，在人毫不察觉的情况下产生作用。

但是，它应该归咎于成人的盲目，成人无意识地以自我为中心的情况会对儿童产生一种恶魔般的影响。然而，儿童是在不断地更新的，他们自身有一种新的和完整的形式，这种形式决定了儿童的发展。

如果儿童恢复正常，就会产生这样的一种情况：他能专注于某些使他与外界现实相联系的正常动作。那么，我们可以设想，儿童所有的心理畸变都有一个原因，即儿童不能采取他发展的独特形式，因为他在自己的形成时期遇到了一个有敌意的环境，在形成时期，儿童的潜在能力应该通过实体化的过程展现出来。

因此，如果我们能够使一些推断变成一个独特的、清晰的和简明的原因，那么，它证明了这样的一个事实：这些心理畸变是属于生命的最初时期的，人在那时还只是一个精神的胚胎。但是，这个独特的和未知的原因有时会导致对整个人类的曲解。

## 心理畸变的表现

### 神游

"实体化"的概念可以作为一种指导来解释心理畸变的特性。所以，我们可以说，心理能力必须在运动中得到实体化，这样它才能统一这个正在展现的人格。如果这种统一不能实现，不管是由于成人占据了支配地位，还是由于儿童在环境中缺乏动力，心理能力和运动这两个因素就会各自发展，其结果是"人被分裂了"。由于从本质上来说没有一样东西会被创造或被消灭，所以，儿童的心理能力不是按它们应有的形式得到发展，就是沿着错误的方向发展。当这些心理能力失掉了它们的目的而随意漫游时，人就会处于空虚、发呆和混乱的状态之中。心灵本身应该通过自发的活动来塑造，这样心灵才不会陷于幻想之中。当如此漂泊的心灵找不到它可以工作的对象时，它就被图像和符号所吸引。那些充满活力的儿童在遭受这种失调折磨后就会坐立不安，毫无目的地乱动。他们刚开始做某件事情，尚未完成就把它丢下了，因为他们的心理能力朝着许多不同的对象，而不能固定在某个对象上。不管成人惩罚或容忍这些儿童漫无目的和焦虑烦躁的行为，但他们实际上是赞成和鼓励儿童幻想，把它们解释为儿童心理的创造性倾向。众所周知，德国教育家福禄培尔（F. W. A. Froebel）①发明了许多游戏和娱乐活动，目的在于鼓励儿童在这些活动中发展自己的想象力。成人教儿童观察他自己用积木搭成的马、城堡或国王的御座。事实上，儿童的想象力可以给任何物体一种象征性意义，这样，就在他的心里产生了一种幻觉的景象。一根枝条变成了一匹马，一张椅子变成了一个御座，一粒石子变成了一架飞机。儿童可以玩他们所得到的那些玩具，尽管这些玩具产生了各种幻觉，但未能为儿童提供与外界现实相联系的富有实际意义的活动。玩具给儿童提供的环境并没有实用的目的，除了产生幻觉外，它们并不能使儿童在精神上全神贯注，反而使儿童的心理走上幻觉的歧途。玩具能激起儿童的活动，就像隐藏在余烬之下的微火冒出来的烟雾。但是，这种火焰不久便熄灭了，这种玩具很快也被扔掉了。对此，成人却认为，对儿童的智力活动来说，玩具是他表现智力的唯一方式，因而尽力给儿童提供玩具，并让他自由地玩玩具。

成人给儿童的自由仅仅在他的游戏活动上，或者可以说，仅仅在他的玩具上。他们相信，游戏和玩具构成了儿童的幸福世界。尽管儿童很快就会厌倦他的玩具，并把它们搞坏，但这种信念还是继续存在着。当成人毫不吝惜地把这些礼物送给儿童时，成人会被认为是仁慈的和慷慨的。玩玩

---

①　福禄培尔（1782～1852），德国学前教育家，世界上第一所幼儿园的创立者。

具是成人世界赋予儿童的唯一的自由，儿童应该在这个时期中为以后的生活奠定基础。这种"分裂"的儿童尤其在学校中被当作十分聪明的人，即使他们是任性的和无序的。但是，在我们专门为他们提供的环境里，我们看到这些儿童马上投入某些工作中去。他们的想入非非和坐立不安的动作消失了，他们平静地面对现实，开始通过工作促使自我完善。他们的正常化已经实现了。他们无目的的行动变得有方向了，能使自己接受内在的指导。他们的运动器官成了渴望了解和真正认识外界现实的工具。因此，对知识的探究已经替代了无目的的好奇。

心理分析家用一种出色的洞察力，把这种反常的想象力和过分热衷于游戏描述成"心灵的神游"。"神游"是一种逃避，逃入游戏或逃入幻想世界常常会掩盖已经分裂了的心理能力。"神游"代表了儿童自我的一种潜意识的防御，这个自我逃离苦难或危险，把它自己躲藏在一个面具之后。

## 障碍

教师在学校里发现，非常富于想象力的儿童并非像人们所期望的那样是班级中最好的学生，相反的，他们有时似乎是一无所获。尽管存在这个事实，但是，没有一个人会怀疑这些儿童的心理已经发生畸变了。人们认为，巨大的创造性智慧使他们不能致力于实际事务。然而，事实清楚地表明，一个已经心理畸变的儿童不能控制自己的心理，或者充分地发展他的智力。儿童心理的这种弱点，不仅表现为他的智力受到了损害，因为他的心理陷入了幻想世界，而且还表现为他丧失了勇气并试图逃避到封闭的自我之中，这或多或少压制了儿童智力的发展。就一般的儿童来说，他们的平均智力水平比正常化的儿童的智力低。由于他们的心理能力使用不当，他们就像骨折的儿童一样，要使身体恢复健康，就需要特殊的治疗。但是，这些儿童没有得到精心的治疗，尽管这种治疗对医治他们的心理失调并促进他们的智力发展是必需的，相反，他们常常受到压制。有一种心理现象是最有趣的，那就是，一个畸变的心理失去了防御的能力，用压制的方式来纠正它是不可能的。这种防御并不是我们通常所看到的，从外部表现为违抗或固执的那种心理防御，相反，这是一种意志完全无法控制的心理防御，它会潜意识地阻碍儿童接受和理解来自外界的观念。

这种现象被心理分析家描述成"心理障碍"。教师应该能够认识到这一严重的问题。罩在儿童心理上的一层帘子使得心理反应越来越不灵敏。通过这种防御机制，心理潜意识地说："你讲，但是我不听。你不断地重复讲，然而我就不听你。因为我正忙于竖立一座墙把你拒之墙外，不然我就无法构筑起我自己的世界。"

这种缓慢的和延长的防御，使一个儿童的行为看起来好像已失去了他自己的天性力量。这样，也就不再存在意志好坏的问题。事实上，面对这种遭受心理障碍折磨的儿童，教师认为，这些儿童的智力低于平均水平，自然就不能掌握诸如算术和拼音之类的科目。

如果这样的心理障碍遍及许多不同科目，有时甚至是全部，聪明的儿童也可能会被看作是愚蠢的。如果他们在同一年级留级几次，他们就会被认为是智力低下的。心理障碍通常并不是唯一的障碍物。它被外界防御物所包围，这些防御物一般被心理分析家称之为"抵触"。最初儿童是对某一特定科目的抵触，然后是对一般的科目的抵触，再以后是对学校、教师和其他儿童的抵触。那时，就不再有关爱和热忱，儿童害怕去学校，以致最后他完全脱离学校。

对于一些人来说，他们往往会终身带着这些在童年时期设置的心理障碍。我们发现，许多人终身讨厌数学，这就是一个例子。他们不仅不能理解数学，而且只要一提到数学就会出现一种对它焦虑和厌烦的内在障碍。这种情况同样也会发生在文法上。我曾经认识一位年轻的妇女，她很聪明，但是就她的年龄和文化背景而言，她在拼写上所犯的错误确实是令人难以置信的。试图改变这个缺点的所有努力都证明是无济于事。她的拼音错误似乎随实践而成倍增长，甚至阅读经典著作也毫无用处。但是，有一天令我完全感到意外的是，我看到她书写得既漂亮又正确。这里，我无法详细地论述这个原因，但是很清楚，她肯定改正了原来的表达方式。无论如何，存在一种神秘的力量，抑制着她的正确拼写能力，于是表现出来的是错误连篇。

人们可能会提出这个问题，"神游"与"障碍"这两种畸变，哪一种更严重。在我们的具有正常化功能的学校中，事实证明，像上述提到的那些与游戏或幻想有关的神游是较易治愈的。这可以通过以下的分析来加以说明。如果一个人逃离了一个地方，那是因为他在那个地方没有发现他所需要的东西；如果所有人都逃离一个地方，那是因为一个国家发生了重大的饥荒。我们总是设想，如果环境条件发生了变化，他们一定会回来的。我们能够召唤他们："回来吧。我们将为你们的生活提供更好的条件。你们将在一个快乐的环境中发挥你们的能力。"

事实上，在我们学校里经常看到的一种现象是，心理失调和激怒的儿童迅速地转变，他们似乎瞬间就从遥远的国土回来了。他们不仅改变了无秩序工作的习惯，而且通过获得平静和满意而产生了一种更深刻的变化。儿童的心理畸变自然地消失了，他们经历了一种自然的转变。然而，如果儿童没有消除自己的畸变，这些畸变将伴随他终生。许多似乎具有丰富想象力的成人，实际上对他们的环境只有模糊的感觉，并受他们的感觉印象所支配。这些人以富于想象力的品质而著称，但他们缺乏秩序感，仅仅是光线、天空、颜色、花朵、风景、音乐的热情赞美者。他们是作为一位诗人去感受生活中的一些东西。但是，他们并没有深刻地了解他们所赞美的光线，以致真正地热爱它。给他们灵感的星星并不能使他们的注意力维持足够长的时间，从而使他们获得最初步的天文知识。他们具有艺术家的气质，但是他们并没有创作出任何艺术作品，因为他们缺乏耐心去获得任何技能。他们通常并不知道用自己的手去做什么。他们无法使自己保持平静，过分兴奋使他们自己不能去工作。他们会神经质地碰撞东西，并常常把东西打碎。他们会心烦意乱地拔起那些他们如此赞美的花朵。他们不能创造任何美丽的东西，也不能使自己的生活幸福，更不知道如何去发现世界上真正富有诗意的东西。如果没有人帮助他们，他们就会迷途，因为他们错误地把自己的器质性癖好当作一种完美的状态。这些缺陷可能发展成真正的心理疾病。它们起因于人的早期，那是最容易产生混乱的一个时期。儿童的发展道路受阻就会引起心理畸变，而这些畸变最初是难以察觉的。

另一方面，一些心理障碍是很难克服的，即使幼儿的心理障碍也是如此。这些心理障碍建造了一堵封闭心理并把它隐藏起来的内部之墙，这堵墙是针对外界现实的防御工事。由于这个心理常常与所有可能是幸福之源的外界现实相隔绝，因此，一出神秘的戏剧就只能在那些多种多样的障碍物的背后演出。对科学和教学的秘密、具有迷人魅力的古典语言以及音乐的追求，所有这些都成为那些自我孤立的人的"敌人"。儿童的心理能力被引入歧途，以致所有他可能喜爱的科目都不能激起其兴趣。一种使人厌烦的学习导致了儿童对世界的反感，世界在儿童心中没有一席之地。

"障碍"是一个有高度暗示性的词。它使我们想起在我们具有真正的卫生知识之前用来预防疾病的方法。人们都避免接触新鲜空气、水和阳光，而把自己一直关闭在密不透光的大墙背后。无论白天还是黑夜，他们都紧闭自己的窗户，甚至无法使空气流通。他们用厚厚的长袍把自己的身体包裹起来，就像洋葱那样一层一层紧裹，由此防止干净的空气接触到他们皮肤上的毛孔。因此，所设置的障碍使人的身体与生活环境隔离了。

此外，我们在社会中，看到的某些现象也使我们想起了障碍物。为什么人们要相互孤立起来？为什么每个家庭冷漠地和有抵触地与其他家庭隔绝开来？一个家庭自身不会追求孤独，因为它可以在自己的家庭圈子中找到快乐，所以，把自己家庭与其他家庭分隔开来。建造这些障碍并不能来保护爱。家庭的障碍是封闭的和难以穿越的，它比这个家庭住房的围墙更坚固。因而，这个障碍把人分隔成社会等级和民族。

## 依附

有些儿童的个性是那样的顺从，以致他们的心理能力太弱而不能抵制成人的影响。所以，这样的儿童把自己依附于一个倾向于用他自己的活动来代替儿童活动的成人，他们变得过分依赖于成人。他们缺乏活力，然而他们自己并没有意识到这一点，这使他们容易掉泪。他们始终抱怨所有的东西；他们似乎是愁眉苦脸的，表现出一种正在遭受痛苦的神态；他们被认为是神经过敏和感情脆弱的。他们总是显得那样的不耐烦，然而他们自己并没有认识到这一点，因此，他们求助于他人和成人，因为他们自身并不能摆脱厌烦的压抑。他们依附其他人，似乎他们的生命依赖于这些人。他们请求成人的帮助，要求成人与他们一起玩耍，给他们讲故事，给他们唱歌，而且要求成人永远不离开他们。与这样的儿童在一起，成人变成了奴隶。即使儿童和成人之间似乎有着很深的理解和感情，成人也会陷入同一境地。儿童总是不断地问"为什么"，似乎他们渴望知识。但是，如果我们仔细观察他们的话，我们就会发现他们并未倾听对他们的回答，然而他们又会马上提出另一个问题。儿童身上表现出的那种仿佛是想知道一切的好奇性，实际上是让一个会给他们帮助的人一直待在他们身旁的一种手段。

儿童很容易放弃自己的活动，而服从成人的每一个命令。成人将发现，他轻易地就能以他自己的意志代替儿童的意志，儿童在每一件事情上也会顺从地让步。但是，这里存在一种巨大的危险，它将导致儿童陷入一种冷漠的状态，这种冷漠会被称之为"懒散"或"懒惰"。成人对这种状态是高兴的，因为这种儿童绝不会成为他自己活动的障碍。但是，这实际上只会使这种心理畸变更加严重。懒散是一种心理疾病吗？它可以被比作一个患有严重疾病的人身体体能下降。它是富有活力和创造性的心理能力衰退的一种外在表现。基督教认为，懒散是七大罪恶之一，是会使灵魂死亡的罪恶之一。

成人往往会通过他无益的帮助和有暗示性的力量使自己的活动代替儿童的活动，因而阻碍儿童的发展。然而，成人并没有意识到这一点。

**占有欲**

幼小的婴儿和正常化的儿童都具有一种使用他们各种官能的自然倾向。这种外部运动使他们对周围环境并不是冷漠的，而是深深地热爱的。他们可以比作是寻找食物的饥饿者。为满足一种物质需要而渴求食物，这并不是理性的产物。例如，虽然他在饥饿时不会说："我已经很长时间没有吃东西了，如果我不吃的话，我就不能保持我的力量，甚至不能活下去。因此，我必须找些有营养的食物吃。"但是他却马上会去寻找食物，因为饥饿是一种痛苦，它不可抵挡地驱使我们马上去寻找食物。儿童也会有一种饥饿，他使自己到环境中去寻找能滋养他精神的东西，但他是在活动中找到滋养品的。"让我们像新生儿一样喜欢精神的乳汁吧。"这种动力就是儿童对他的环境的热爱，这是人固有的本能。但是，说儿童充满激情地喜欢他的环境，这并不正确，因为激情是冲动的和瞬间的。相反地，这种动力应该被描述成一种"维持生命所必需的"动力。通过儿童喜欢他的环境而提供的这种动力驱使他不停地活动。这可以比作空气中的氧气在他体内所产生的热量，维持他的生命。一个有活力的儿童会给人们这样一个印象：他自己正生活在一个适宜的环境中，即一个有助于他自我实现的环境中。如果儿童没有这种环境，他的心理生活就不能得到发展，而一直会处于懦弱、异常和孤独的状态。这样的儿童会成为一个麻木不仁和不可思议的人，表现为空虚的、无能力的、任性的、令人讨厌的和脱离社会的。

对儿童来说，如果他不能在有助于他发展的活动中找到目的，那他就仅仅被某些"东西"所吸引，并渴望占有它们。拿取某些东西并把它收藏起来是容易的，它并不需要知识和爱。但儿童的心理能力由此被转移到另一个方向。这样的儿童当他看到一块金表时就会说："我要它"，然而他并不能说出时间。但这时，另一个儿童也会立即叫起来："不，给我。"他们准备为这块金表打架，根本没有考虑这样做可能会把金表损坏。因此，人们就是通过这种方式开始相互竞争，甚至是毁坏东西的竞争。

实际上，几乎所有道德上的偏差都来自在爱和占有之间作选择时所跨出的第一步。一个儿童做出了这种选择，他就投入全部精力沿着这两条岔道中的一条走下去了。儿童的自然能量像章鱼的触手一样伸展出去，抓住并毁坏他急不可待想要的东西。一种主人感使他牢牢地捏住东西，他准备保卫它们就像捍卫自己的生命一样。强壮的和活泼的儿童通过击退其他也想占有它们的儿童来保卫自己已占有的东西。由于想要同一种东西，他们相互之间就经常会吵架。这就产生了痛苦的反应，一种残酷的感情导致他们为一些琐碎小事而争吵。这种争吵实际上是不重要的，但又是很严重的。于是，出现了一种不协调，在那些应该是光明的地方却是黑暗的，这是因为一个人的自然能量偏离了方向。因此，占有欲的根源在于某些内在的罪恶上，而不在那些引起占有欲的东西上。

正如每一个人都知道的，作为儿童道德教育的一部分，我们告诫儿童不要把自己依附于外界的东西上。这种教育的基础是对他人财产的尊重。

当儿童达到这一点时，他已经把他自己与崇高深层的内心生活相联系起来了，这就是为什么他渴望转向外界的东西。这种欲望深深地渗透进儿童的心灵之中，可以把它看作是他本性的一部分。

甚至那些表现出顺从特点的儿童也把他们的注意力转向无价值的物质东西上，但他们是以不同的方式"占有"这些东西的。他们不善于争吵，通常不跟其他人对抗。他们宁可去积聚和隐藏一些东西，因而他们被认为是"收藏家"。但是，他们并不是按某种分类的知识而收藏东西的。他们收藏的东西五花八门，相互之间毫无关联。病理学家发现这样一种荒唐和不合逻辑的情况，不仅心理有缺陷的成人，而且有不良行为的儿童的口袋里都会装有无用的和杂乱的东西，这些人对收藏都有一种癖好。个性软弱和缄默的儿童也会从事相似的活动，但是，他们收藏东西的习惯被认为是完全正常的。如果某些人要夺走这些儿童所收藏的东西，他们将竭尽全力地保卫它们。心理学家阿德勒（A. Adler）[①] 对这种收藏习惯给予了有趣的解释。他把这比作成人的贪婪，这种现象在幼儿期就可以辨认出来。如果一个人所依附的许多东西并不是自己所需要的，但他又不愿意放弃它们，这将是一剂致命的毒药，他的发展就会失去基本的平衡。

父母很乐意看到他们的孩子保卫自己的财产。他们把这看作是人性的一部分，是社会生活的一个重要因素。具有占有欲和收藏习惯的儿童在社会中往往是得到人们理解的。

### 权力欲

与占有欲相关的另一种特有的欲望就是不正常的权力欲。能够支配环境的人身上具有一种本能力量，使他通过对环境的"热爱"进而获得对外

---

① 　阿德勒（1870～1930），奥地利精神病学家。

部世界的占有。但是，如果这种本能力量不是心理发展的自然产物，而仅仅成为一种贪婪，那么，这种本能力量也就偏离方向了，趋于占有东西。

对一个不正常的儿童来说，当他感到有一个能支配所有事物的强有力的成人在场时，他的自我感觉就好。这种儿童实际上认识到，如果他能利用成人的活动，他自己的力量就大。于是，他开始利用成人，这样，他所获得的东西就能比通过独自的努力获得的东西多得多。这种方法是完全能理解的，所有儿童都是这样被潜移默化的，以致被认为这是很寻常的。这是很难纠正的。当然，这也是儿童经常采用的一个典型策略。对一个软弱无能的儿童来讲，再也没有比这更自然和合理的了。一旦他发现他自己可以利用另一个强有力的人，他就着手这样做，并开始提出一些被成人认为不合理的要求。事实上，儿童的欲望是无止境的。对一个富有想象力的儿童来讲，成人拥有无限的权力，能够满足他所有变化无常的愿望。在对儿童心理那么富有魅力的神话故事中，这样的想法得到了充分的展现。儿童感到，他的模糊愿望在这些神话故事中得到了令人欣喜的描述。从仙女那里获得力量的人，能得到仅仅靠人力无法获得的财富和恩赐。仙女有好的和坏的、美丽的和丑陋的之分。在穷人和富人中，在树林里和迷人的皇宫中，都可以发现这些仙女。生活在成人中的儿童想象出来的仙女形象，有像祖母般年老的仙女，有像母亲一样年轻美丽的仙女。有些仙女衣衫褴褛，而有些仙女穿着丝绸衣服和戴着金首饰，正如有贫穷的母亲和身穿华丽服装的富裕的母亲一样。但是，她们都宠爱她们的孩子。对于成人来说，无论他是高的或矮的，与儿童相比他总是一个强有力的人。儿童受了自己梦幻的支配而开始利用成人。最初成人看到他给儿童带来幸福时既满意又高兴，但是，这种让步带来了不幸。成人帮儿童洗手，但他以后将为这种做法付出代价。儿童在得到了最初的胜利之后，就期待第二个胜利，于是，成人做出的让步越多，儿童就越渴望得到更多的东西。最后，成人这种满足儿童欲望的错觉结成了苦果。因为物质世界是极端有限的，而想象力又是漫无边际的，结果产生了与实际的抵触和剧烈的冲突。儿童的任性变成了对成人的惩罚。成人突然认识到他自己错了，说："我已宠坏了我的孩子。"

即使一个顺从的儿童也有自己征服成人的方法。他通过一些富于情感的方式，例如，他的眼泪、他的恳求、他的忧郁的眼神、他的自然魅力来征服成人。成人肯定会屈服于这种儿童，直到他无法给予更多的东西，然后陷入一种痛苦的状态。这些不正常的状态将导致畸变的产生。成人终于感觉到和认识到，他自己的行为方式是儿童缺陷产生的根源，并试图寻求纠正它们的手段。

但是，每一个人都知道，没有任何东西能纠正儿童的任性固执。无论规劝还是惩罚，都无效。这就好像你对一个因高烧而神志昏迷的人说他会治愈的，如果他的体温还不降下来就威胁说要揍他。事实上，成人在关爱儿童时并没有为他的发展提供一定的方式，反而阻碍他接触真正的生活，因而使他的发展走入了歧途。

## 自卑

成人并没有意识到他们对儿童表现出一种蔑视。虽然父亲可能会相信他的小孩漂亮完美，并引以为傲，对小孩的未来寄予希望，但是，一种神秘的驱动力使他的行为举止表现出来，似乎他的孩子是"愚蠢"和"顽皮的"，因此需要灌输和纠正。这种模糊的看法使得成人蔑视儿童。在儿童的心目中，成人被看成是最强大的人。成人有权在儿童面前随意表现自己，但成人认为在其他人面前这样做就会感到羞耻。在家庭中，成人的贪婪、专制和暴虐在父亲权威的伪装下不断地砸碎儿童的自我。例如，当一个成人看到儿童端着一杯水，他就害怕这只杯子可能会摔破，就在这时，贪婪使他把这只杯子看作一件珍宝，并把它从儿童手中夺过来。也许这个成人是很富有的，为了使他的儿子比他自己更富有，他考虑要使他自己的财产增加好几倍。但是，他当时认为一只杯子比他儿子的活动具有更大的价值，因而无论如何要保护杯子。他同时又想："为什么这个孩子一定要这样端杯子，而我要用另一种方式呢？难道我没有权利按我自己的方式去做吗？"然而，正是这一个成人会很高兴地为他的孩子做出任何牺牲。他梦想着他孩子的成功，希望看到他孩子成为一个有权力的名人。但是，他马上又被一种权威和专横的冲动所支配，这使他的精力浪费在保护一件微不足道的东西上。事实上，如果一个仆人也像这个小孩那样端杯子，这位父亲只会淡淡地一笑；如果一位客人打碎了这只杯子，他会立刻讲这只杯子是不值钱的，根本不把这件事放在心上。因此，儿童肯定会通过连续的挫折感注意到他自己是唯一被认为对物品产生危险的人以及唯一不能碰物品的人。这种自卑感使儿童认为他自己比那些物品还要不值钱。

还必须考虑其他一些情况。如果儿童要发展他自己的心理生活，他必须不仅被允许接触各种东西并用这些东西进行工作，而且他还必须用一种合理的和有序的方式去完成。所有这一切对儿童个性的发展具有极大的重要性。成人不再有意识地注意他日常生活中行为的顺序，因为这些行为已经成为他的生活方式的一部分。当一个儿童早晨起床时，他知道他必须做什么，并把它们看成是世界上最正常的事情。他的动作顺序几乎已变成自动的，正如他呼吸的声音或心脏的搏动一样，不再需要更多的注意。相反地，儿童需要在这个方面打好基础。但是，他从来也没有为有意识地去实行而制订一个计划。如果儿童正在游戏，成人就会打断他，认为应该是散步的时间了，成人就把这个儿童打扮一番带出去了。或者，儿童正在从事一项工作，例如把石块装到桶里，这时他母亲的一位朋友来拜访了，于是，他的工作被中止了，被带来见这位客人。总之，在儿童的生活中，成人会不断地打扰儿童或突然闯进他的活动中去。这个强有力的人从来不跟儿童本人商量就安排儿童的生活。这使儿童觉得他自己的活动是毫无意义的。但是，一个成人在与另一个人讲话时，即使这人可能是一个仆人，当时在场的儿童也不会不说一声，"如果你愿意的话"或"如果你可以的话"再打断成人的话。但这样做的结果是，儿童感到他不同于其他人，他是一个特别自卑的人，处在所有人的下面。

正如我们所说的，行为的先后顺序依赖于一个内部事先设想好的计划，这对儿童的发展是极为重要的。总有一天，成人会对儿童解释他必须对他自己的行为负责，但这种责任感有赖于他对各种行为之间联系的领悟和对它们的重要性的判断。然而，儿童只感到他的所有行为都是不重要的。一个父亲没有成功地培养儿子成为有责任感和有自制力的人而责备自己，但他自己恰恰就是一步一步地破坏儿童行为的连续性和自尊心的人。在这样的情况下，儿童内心有着一种秘密的想法，认为自己是低劣的和无能的。实际上，任何人在能够承担其职责之前，他必须要对自己有信心，相信他是自己行为的主人。

沮丧的根源是人认为自己不能做某些事情。如果一个瘫痪的人被要求与一个完全健康的人进行赛跑，他根本不会希望进行比赛。一个普通的人也不会愿意跟职业拳击手在拳击场上对抗。甚至在他尝试这样做之前，一种无能为力的感觉已经使他自己丧失了勇气去作尝试。成人由于不断地羞辱儿童，使他感到自己软弱无能，从而压制了儿童努力去行动的欲望。但是，成人并不满足于仅仅阻止儿童的行动，他还不断地对儿童说："你不能做那件事，你没有必要去做。"如果这个成人是粗暴的，他甚至会说："傻瓜，你在做什么？你难道不知道你不能做那件事吗？"成人的这种行为不仅阻碍了儿童的工作和打断了他行为的连续性，而且是对儿童个性的一种侮辱。这使得儿童相信，不仅他的行为是没有意义的，而且他的个性是无能的和笨拙的。这就导致了儿童的沮丧和自卑。因为如果一个比我们更强有力的人阻止我们做自己想做的事，我们至少可以对自己说有些人比我们差，我们可以重新开始。但是，如果一个成人使得儿童相信他自身是无能的，那么，一片乌云就会笼罩在他的心灵上，他就会陷入胆怯、冷漠和恐惧的状态之中。当这种情况发生时，儿童就形成了一种内在障碍，被称之为"自卑"。这种障碍可能作为一种无能和自卑的感觉而在他心里存在下来，这将阻止儿童参加社会生活。

这种自卑导致儿童产生了胆怯、做决定时迟疑不定、面临困难或批评就退缩、遭受压抑时就流泪等表现。这些表现与儿童的痛苦心态又是形影相随的。

相反地，一个正常儿童的最显著特征之一就是他的自信和责任感。在罗马圣洛伦佐"儿童之家"里，那个小男孩告诉感到失望的参观者，虽然今天放假，但儿童可以自己打开教室的门，甚至在教师不在场的情况下进行工作。这时，他表现出一种完美和平衡的人格，这种人格并不是傲慢的，而是对自己能力的了解。这个小男孩知道他正在做什么以及完成各种工作的必需步骤，因此他能有绝对把握去这样做，并认为这是很自然的。同样地，另一个小男孩正在用活动字母拼写，当意大利皇后站在他面前，要求拼写"意大利万岁！"时，他丝毫没有受干扰。尽管他听到这句话，但他仍用正确的顺序把刚刚拼写的字母复原，他平静地工作着，似乎只有他一个人。虽然出于对皇后的尊重，我们希望他暂时停下这项工作，而去拼写皇后说的那句话，但是，他无法放弃他自己已习惯的工作方式。在拼写新词之前，他必须把已经使用过的字母放回到它们原来的位置。当他干完自己的工作后，他就拼出了"意大利万岁！"虽然这个小家伙只有 4 岁，但实际上他已能控制行为和情感，并对他的环境中可能发生的事情应付自如。

## 恐惧

恐惧是心理畸变的另一种形式。它被认为是童年时期的一个正常的特点。当人们说到一个胆怯的儿童时，他们会注意到这是由于一些根深蒂固的心理紊乱而引起他的恐惧，这几乎与他的环境条件没有直接的关系。换句话说，恐惧就像羞怯一样，是儿童个性的一部分。有些儿童是如此畏缩，他们似乎已经被一种恐惧的预感所包围。然而，还有一些儿童表现出勇敢、富有活力和无所畏惧，但他们有时也会被神秘的、难以解释的和无法克服的恐惧所支配。这些心理状态可以解释为是由于过去得到的强烈印象的结果。例如，儿童很可能害怕过马路，或者害怕床底下有猫，或者害怕看到鸡。也就是说，这种状态很像精神病医生在成人中所发现的那种病态。各种各样的恐惧在"依附于成人"的那些儿童身上特别容易发现。成人为了使儿童服从他，就可能利用儿童的无知，用人为的恐惧恐吓他。这是成人用来对付儿童的最坏的一种防御手段，因为它利用到处存在着的可怕形象，加剧了儿童对黑暗的天生恐惧。

使儿童接触现实并使他体验和理解他的环境的任何东西，都将有助于他摆脱这种紊乱的恐惧心态。在我们的使儿童正常化的学校中，最明显的一个成果就是这些潜意识恐惧的消失。一位著名的西班牙作家曾写到他自己的家庭中出现的情况。他有 4 个女儿，其中最小的女儿就进了我们的一所学校。每当夜晚有雷雨时，她是 4 个女儿中唯一不害怕的人。她会带她的姐姐到父母的房间去，在那里他们能得到保护。对于经受一些吓人的恐惧折磨的姐姐来说，她的在场是一种真正的安慰。因此，每当她们在黑暗中感到害怕时，她们就赶快跑到她们的妹妹身边，以便克服焦虑的心情。

一种"恐惧的心态"不同于面临危险时出于自我保护的本能所产生的一种正常的恐惧。这种正常的恐惧在儿童身上比在成人身上出现得少。这并不仅仅因为儿童比成人缺少面临外界危险的经历。人们甚至可以这样说，那是儿童面对危险时的一个普遍的特点，而且比成人表现得更为明显。事实上，儿童常常会使自己面临危险，例如，街上的顽皮儿童会吊住正在行驶中的汽车，乡村儿童会爬到树上或沿着陡坡冲下来。他们常常会跳进海里或河里自学游泳。在无数挽救或试图挽救他们同伴的例子中，他们都表现出英雄行为。这里，我将引用一个例子，美国加利福尼亚州的一家医院的盲童病房着火了。虽然一些正常儿童生活在这幢大楼的另一部分，但他们冲过去救援那些盲童。几乎每天我们都可以从报纸和杂志上读到一些有关英雄行为的事例。

可能有人会提出这样的问题，正常化是否有助于发展在儿童身上经常可以发现的这种英雄主义的倾向。在我们的正常化的经验中，我们没有英雄主义的事例，但儿童确实表现出某些崇高的愿望。我们的儿童在日常生活中形成了一种"谨慎"，使他们能避免危险，因而也能自由行动。例如，他们能使用桌上甚至厨房里的小刀，能用火柴点火乃至点燃烟火，能独自站在水池边，能穿越城市马路，等等。总之，我们的儿童已经学会如何控制自己的行为，同时避免盲目的冲动。这使他们能过一种更崇高和更平静的生活。因此，正常化不是把儿童自己推入危险之中，而是获得一种谨慎。这种谨慎使他们能认识危险和消除危险。

### 说谎

尽管心理畸变表现出个别特征，但它就像一棵繁茂大树的分枝，会朝四面八方伸展出去，它们都来自同一个深层的根部，只有在那里，才能找到正常化的秘密。在心理学和现行的教育方法中，一个常见的错误是把这些心理畸变看作是互不相关的和孤立的存在。

对于儿童来说，说谎是他的主要缺点之一。说谎就像一件隐蔽心灵的外套。甚至可以把它比作是一个人的全部服装，这样他就具有许许多多的伪装。因为存在着各种各样的说谎，每一种说谎都有不同的含义。既有正常的谎言，也有病态的说谎。旧的精神病学论述了患有歇斯底里的人的强制性谎言。这种人的谎言遮盖了整个心灵，以致他们的言语完全由谎言组成。这种精神病学还注意到在儿童在青少年法庭上的说谎，以及儿童被传唤作证时无意识说谎的可能性。由于儿童的"纯洁心灵"几乎被看成是真理的喉舌，因此，当人们终于认识到被认为是真实的东西实际上却是虚假的，于是引起了极大的骚动。这种现象引起了犯罪心理学家的注意，他们的研究表明，这种儿童实际上试图讲真话，他们的谎言是由于心理紊乱而引起的，他们一时的情绪进一步加剧了这种心理紊乱。

这种虚假代替真实，不管它们是经常的还是偶尔的，都是与儿童有意识用来自我防御的正常说谎截然不同的。但是，还有其他与自我防御无关的说谎，也可以在正常儿童身上和在日常生活中发现。谎言可能起源于儿童企图描述某些幻想的东西，对其他人认为是真实的东西添油加醋。然而，这种描述并不是为了个人利益或为说谎而说谎。它可能采取一种真正的艺术形式，就像一个演员能使他自己深入角色中去一样。例如，有一个儿童曾经告诉我，他的母亲给应邀来赴宴的一位客人喝她自己制作的蔬菜汁；这种维生素很多的饮料不仅有益健康，而且天然可口，这位客人说他以前从未尝过此类东西。这故事是如此有趣和详细，以至于我请这个儿童的母亲告诉我怎样制作这种饮料。但是，这位母亲却对我说她从来没有做过这一类饮料。这就是儿童通过想象而编造完整的谎言的一个例子，除了编造故事的乐趣外他没有任何其他意图。

这些谎言不同于儿童因为懒惰和对发现真理不感兴趣而说谎。然而，有时候一个谎言可能是巧妙推理的产物。我曾经遇见一个 6 岁的小男孩，他被自己母亲临时送到一所寄宿学校去。负责这小孩所在班级的教师非常胜任这项工作，对这个特殊儿童非常上心。隔了一段时间之后，这个小男孩开始对他母亲抱怨这位教师，说她太严厉了，在很多细小方面防备他。于是，他母亲到校长那里去询问，她终于相信这位教师对她儿子是很慈爱的，并且经常表现出这种慈爱。当这位母亲当面问她儿子为何要撒谎时，他回答说："他们在说谎，但我不能说这位校长是坏的。"这并不表明，他缺乏指责这位校长的勇气，而是他屈服于传统势力。在儿童适应他们的环境方面，儿童会采用狡猾手段的事例还可以举出很多。

具有懦弱和畏缩特性的儿童往往是出于一时的冲动而编造谎言的。这种谎言没有经过仔细推敲，只是一种防御性反射。这种谎言未加修饰和临时编造，通常是很容易识别出来的。父母和教师跟这种谎言进行斗争，却忘了它们说明了什么。很明显，它们是对成人攻击的一种防御性反抗。编造这种谎言的儿童由于懦弱、不知羞耻和不能按他们应有的方式做事而怕受到指责。人们很容易认识到，这样的说谎展现了一个无能的人。

说谎是在童年时期出现的一种心理现象，它会在儿童的发展过程中存在，并且变得条理化；它在人类社会生活中起了如此重要的作用，好像身上的服装一样是必需的、合适的甚至是美丽的。在我们的使儿童正常化的学校中，一位儿童放弃了这种伪装，表现出自然和真诚。然而，说谎并不是可以奇迹般地消失的一种心理畸变。它需要一种改造，或者说得更确切一点，它需要一种思想的清晰、与现实的接触、人格的自由以及对崇高的东西的积极兴趣，这一切构成了一种有利于改造儿童心灵的环境。

但是，如果我们对社会生活进行分析的话，我们发现，社会生活沉浸于一种虚伪习俗的气氛之中。如果企图纠正它，它就会陷入混乱状态之中。事实上，许多已离开"儿童之家"而进入高一级学校的儿童一直被认为是不礼貌的和不服从的，就是因为他们比其他儿童更加真诚，还没有学会去做必需的适应。但他们的教师没有认识到这一点。就像社会生活一样，普通学校的教育事实上表现出许多不真诚的地方。这些教师把他们自己至今尚未见过的真诚当作是破坏作为教育基础的道德发展的一个因素。

心理分析家对人类心理史的最杰出的贡献之一，就是对潜意识的隐瞒作了解释。成人的伪装形式而不是儿童式的虚构编织成了人类生活的极妙的外衣。它们就像动物的毛皮或羽毛，遮盖、装饰和保护着隐藏在下面的那个正在活动的和维持生活所必需的器官。隐瞒，即隐藏自己真正的感情，是一个人自身为了生活而构筑起来的一种谎言。更确切地说，这是他为了生存于一个与他的纯洁自然情感发生冲突的世界之中。由于不可能在一种不断发生冲突的状态下生活，心灵就必须使它自己去适应环境。

一种最显著的隐瞒就是成人对待儿童的虚伪态度。成人为了他自己而牺牲儿童的需要，但是，他拒绝承认这个事实，因为这将是无法忍受的。他使自己相信，他正在行使一种天赋的权力，正在为儿童的未来利益而行动。当儿童保护他自己时，成人并没意识到真正发生了什么事情，而把儿童所做的一切事情都称之为不服从，或者是罪恶的倾向。成人自身的真理和正义的声音变得越来越衰弱，并被一种看似高明的、合理的和永恒的虚假形式所替代，即他正在根据自己的责任、权利、权力和智慧行动。"心变得冷酷了。它冷若冰霜，像水晶一样只会偶尔闪烁一下。所有的一切都被它打碎了。……我的心变成了石块。我敲击它，连我的手都受了伤。"但丁在他的《地狱》（Inferno）① 中运用了极妙的冰的形象做比喻，所有的爱都被扑灭了，只有仇恨在那里找到了它的庇护所。爱和恨是心灵的两种不同的状态，就像水的液态和固态一样。隐瞒一个人真实情感的形式是一种精神的谎言，这有助于人去适应社会的不正常状态，但是，它也渐渐地从爱转变为恨。

---

① 《地狱》是意大利诗人但丁《神曲》的第一部分，其他两部分是《炼狱》和《天国》。

这可怕的谎言隐藏在潜意识最深处。

## 心理畸变对身体的影响

伴随心理的畸变会出现各种各样的特征，有些特征看起来是不相关的，但它们影响了人的身体功能的发挥。应该感谢心理分析家，他们的研究证实，许多身体的失调都产生于心理原因。甚至某些似乎主要与身体密切相关的缺陷，其最终根源也都在于心理问题。其中有一些缺陷，例如，消化不良，在儿童中间特别普遍。强壮和活泼的儿童容易表现出一种贪婪的食欲，它很难通过训练或忌食来加以纠正。这些儿童吃的东西超过他们所必需的量。尽管他们会生病并需要医生的帮助，但他们无法满足的食欲仍然很容易被当作是"胃口好"。

从古代起，渴望得到比身体所需的更多食物被看作是道德上的一种恶习。这种做法没有好处，更确切地说是有害处。似乎表现出一种对食物的正常敏感性的退化。这种敏感性不仅可以促进一个人的食欲，而且它也决定他所需要的食量。这种敏感性是所有动物的特征。它们的健康由它们的主导本能所决定的。事实上，这种本能有两个方面：一方面涉及动物的环境，指导它在环境中避免危险；另一方面涉及它自身，指导它摄食。野兽的主导本能不仅引导它们吃应吃的东西，而且也决定什么东西对它们是有益的。确实，这是所有的动物物种的最显著的特征之一。无论它们吃得很多，还是仅仅吃一点点，在自然状态中的每个动物的本能都告诉它应该摄入的食量。

只有人才染有贪食的恶习，贪食不仅使他吃东西的量多于他应吃的量，而且还吃实际上有害的东西。因此，我们可以说，一旦出现了心理畸变的征兆，人也就失去了保护自己并保证使自己处于健康状态的敏感性。

我们可以在"不正常"儿童身上找到这种证据，他们很快就会表现出偏食。这些儿童一看到食物就被吸引住了，他们仅仅是由外在的味觉来对待所见到的食物。起自我保护作用的敏感性，这一种与生命有关的内部力量被削弱了或消失了。在我们的使儿童正常化的学校中，最惊人的一个现象就是儿童消除了心理畸变，回到了正常状态，因而儿童对食物也就失去了原来贪婪的欲望。他们感兴趣的是每一种行为的正确表现，因此，他们能用合乎规范的姿势正确地吃东西。当人们在谈论儿童的一些变化时，这种极其重要的敏感性的恢复在"儿童之家"开办初期引起了人们几乎有点怀疑的惊讶。儿童生活的某些场面成了详细描述的对象，以便使人们相信这种现象的确是真实的。到了吃饭的时候，年幼的儿童把他们的时间全花在正确地铺餐布上，看着那些餐具，尽力回想手势和使用这些餐具的每一个细节，或者帮助一个比他们更年幼的伙伴。有时候，他们对这些事情是那样的细致，以至于放在他们面前的美味食物早已经凉了。有些儿童显得悲伤，那是因为他们一直希望能被挑选出来帮助端菜，但结果发现自己仅仅被安排了一项最容易的工作，即吃饭。

　　心理因素和食物之间关系的证明也可以在一种相反的事实上找到。那些谦让的儿童对食物表现出奇怪的和无法克服的厌恶感。许多人体会到，在喂某些儿童吃饭时是那样的困难。他们拒绝吃任何东西，有时是如此坚决，以致给家庭或寄宿学校造成了真正的困难。这样的一种现象在为贫困和弱小的儿童开设的一些教育机构中特别突出，人们期望这些儿童在愿意吃的时候就吃个饱。这种做法会造成一个令人担心的后果，那就是会使儿童的体质下降，并处于一种抵制所有药物治疗的状态。但是，我们一定不要把对食物的拒绝与导致儿童没胃口的消化不良混淆起来。相反地，儿童拒绝吃东西是由于他的一些心理原因造成的。在某些情况下，这可能是由于一种防御性冲动使儿童拒绝吃东西；或者可能是由于成人用他自己的节律强迫这个儿童吃得快一点，一些儿童有他自己的特殊的进食节律，拒绝接受成人的节律。这个事实现在已被一些儿童专家所承认。他们发现，儿童并不是把他们所需要的东西立即吃完，而会在相当长的一段时间里停下来不吃东西。我们可以在断奶之前的婴儿身上看到同样的情况。在喂奶中，他们会停止吮奶，这并不是因为他已吃饱而仅仅是为了休息一下，然后再回来用一种缓慢的和间歇的节奏吮奶。所以，我们能意识到一种防御性冲动，它像一种屏障一样。儿童设置这种屏障是为了反对成人强迫他用与他自己的自然倾向相对立的方式进食。然而，在有些事例中，必须排除这种特殊类型的防御。有种儿童几乎是由于体质上的原因而缺乏食欲的。他的脸色十分苍白，缺乏户外活动、阳光的沐浴和海边的空气，也许这一切能使他恢复健康。然而，根据进一步的观察，我们发现，在这种小孩身边有一些他极端依附的成人，而这些成人完全支配了他。只有一种方式可以治愈这种儿童，那就是让抑制他的这些人走开，并提供一个使他在心理上将是自由的和主动的环境。只有用这种方式，他才能摆脱一种使他精神扭曲的依附。

人们早已认识到心理生活和生理现象之间的关系，尽管那些生理现象，例如摄食，似乎与心理分离的。在《旧约全书》中，我们读到以扫（Esau）① 由于贪食，把他的出生权让给了他的兄弟，愚蠢地违背他自己的最大利益。贪食确实应被列入"玷污心灵"的那些恶习中去。我们有趣地看到托马斯·阿奎那（Thomas Aquinas）② 正确地指出了贪食和理智之间的关系。他坚持认为，贪食会使一个人的判断力迟钝，其结果减弱了人对可理解的现实的认识。然而，在儿童身上，我们可以发现与它完全相反的过程，那就是：心理紊乱引起了贪食。

① 以扫，《圣经》中的一个人物。
② 托马斯·阿奎那（1226～1274），中世纪神学家。

基督教把这种恶习与精神失调联系起来，并把它列入七大罪恶之中，它会导致心灵的死亡，换句话说，它导致对一种神秘的自然规律的违背。同时，它也完全违背了现代的科学观点。心理分析学家已经间接地支持了我们有关主导本能或生存敏感性消失的理论。但是，心理分析对这一点给予了不同的解释，而称之为"死亡本能"。它认为，人有一种自然倾向，这种自然倾向帮助死亡的自然降临，甚至加速趋于死亡。人很可能变得绝望，使自己依赖于诸如酒精、鸦片和可卡因等毒品。他不是依恋和拯救生命，而是趋于死亡，希望自己死亡。所有这一切是不是明确表明有利保护个人的一种有活力的内在敏感性的消失呢？如果这样的一种倾向与死亡的不可避免是相连的，那么，它应该在所有生物身上存在。但是，由于我们并不能在所有生物身上都找到，我们应该说，每一种心理畸变唆使人走上死亡之路，并使他在自己的生活中失去希望。在幼儿时期，就可以看到这种可怕倾向几乎难以察觉的形态。

所有的疾病都会有一种心理的因素，因为人的心理生活和生理现象是紧密相连的。但是，摄食的不正常为各种疾病敞开了大门。有时候一个人可能仅仅在外表上有病，实际上这只是一种想象出来的病而不是实际上有病，其根源是心理原因。心理分析学家为我们理解这些病态作出了贡献，并指出这种病是与器质性神经症联系在一起的。器质性神经症并不是假装出来的疾病，而是表现出一些真正的症状，例如，体温升高和身体功能紊乱，这些症状有时显得很严重。然而，这样的病并不是身体上的，而是由于潜意识的心理紊乱，这种紊乱成功地支配了生理规律。借助这种病，自我可以摆脱不愉快的处境或责任。这种病抵制所有的治疗，只有当这个自我离开了它应该离开的境地时，它才会消失。

当儿童被安置在一个能使他们返回到以正常的方式进行生活和活动的自由环境时，像许多道德缺陷一样，许多疾病和病态才会消失。今天，许多儿童专家把我们的学校看作是"健康之家"。他们把患有功能性疾病和抵制常规治疗的儿童送到我们学校，获得了惊人的治疗效果。

第三部分

儿童与社会

# 第一章　人的工作

## 儿童与成人的冲突

儿童与成人之间的冲突所产生的后果几乎无限地扩展到人的生活之中，就像一块石子扔进平静的湖面时引起的水波一样，在它以圆圈的形式向四面八方扩散时产生了一些波动。

对水的涟漪的观察会使人们追溯到生理和心理疾病的起因，医学和心理分析对此已有所发现。心理分析家在探究心理疾病的根源时肯定要经历漫长的路程，就像寻找尼罗河源头的那些探险家一样，必须长途跋涉，越过一些大瀑布，才能到达向这条河供水的大湖的平静源头。试图探索人的心灵弱点和失败原因的那些科学家也必须越过直接的原因，跨过已经意识到的和可以理解的原因，才能到达作为源头的平静湖泊，那就是儿童的身体和心灵。

但是，如果我们希望沿着相反的方向旅行，如果我们对从原始社会写起的新的人类史感兴趣，我们也可以从童年早期的平静湖泊开始，沿着奔流不息的生命之河进行探索，河水从泉眼涌出和从高山流下，在它的困难行程中弯弯曲曲地穿过障碍和飞下深渊，除了它停顿下来使水流不再更汹涌之外，它是完全无约束的。

如果最折磨成人的身体、心理和神经的疾病确实可以追溯到童年时期的话，那么，在儿童的生活中我们就可以发现它们最初的征兆，以及一步一步成为这样的疾病的原因。此外，我们要考虑到另一个事实，那就是，每一种很重的和明显的疾病都源于无数较轻的疾病。疾病被治愈的人多于死于疾病的人。如果疾病标志着一个人抵抗病害肆虐能力的丧失，那么，对一种疾病的分析就可以预防同一类型的疾病。

反常的情况会引起一个人身体或心理健康的丧失，就如地球气候的变化会引起海洋波涛的起伏一样。我们在检查水是否可饮用时，只要提取一小部分样品就行了。如果它被污染了，我们就可以断言，其他的水也被污染了。有点类似的是，当我们看到大量的人死于疾病或陷于精神错乱时，我们必须说，整个人类犯了某种错误。

这并不是一种新思想。在摩西时代，人们就已经知道，人之初就有了罪恶，一种预示整个人类败坏和堕落的原罪。对那些并不理解它的真正性质的人来说，原罪似乎是不公平的和不合理的，因为它包含了对他的所有子孙的定罪。然而，我们可以看到一个事实，因为我们发现天真的儿童承受着人在发展中所犯的错误而产生的不幸后果。这些错误的根源可以在人类生活的冲突中找到，人们从未研究过这种冲突的巨大后果。虽然要求儿童和成人相互友好生活在一起，但他们却常常是处于冲突之中，因为他们不能相互理解，因而破坏了他们生活的基础。这是一种难以解读之谜。

儿童和成人的冲突产生了许多不同的问题，其中有一些问题显而易见与他们的相互关系有关。成人有一个复杂的和强烈的使命要完成，而且他发现他自己必须这样去做。但要成人终止他自己的工作而去适应儿童的节奏和精神视野，这对他来讲已变得很困难。另一些问题是，日益复杂和紧张的成人环境越来越与儿童不相协调。我们可以设想一种简朴和平静的自然生活，儿童在那里可以找到一个自然的庇护所。儿童看到成人以缓慢的节奏从事简单的工作，他的周围就是家畜和他可以随意触摸的其他东西。他可以做自己的工作，而不必害怕遭到反对。当他感到疲倦时，他就躺在树阴下睡觉。

但是，文明慢慢地把自然环境从儿童那里收了回去。所有一切都控制太严，范围太窄，障碍太多，节奏太快。不仅节奏加快的成人生活是儿童的障碍，而且机器的出现像旋风一样刮走了儿童的庇护所。于是，儿童不能主动地生活。对儿童的照料主要是防止他在外部世界中遭到危险，这种危险正在他周围增加。现在，儿童就像一个避难者，孤立无助并受到奴役。没有一个人想为他的生活创设一个舒适适宜的环境，也没有一个人考虑他的工作和活动的需要。

## 两种本能

### 主导本能

我们发现，自然界也存在两种生命形式：一种是成熟，另一种是未成熟。这两种形式是截然不同的，甚至是相互对立的。成人的生活以斗争为特征。这种争斗可能如拉马克（J. B. Lamark）① 所阐述的，起源于对环境的适应；或者，如达尔文（C. R. Darwin）② 所阐述的，可能起源于竞争和自然选择。后一种的斗争不仅保证了物种的生存，而且通过性别的竞争达到自然选择。

人在社会生活中所发生的事完全可以与成年动物中所发生的事作一比

---

① 拉马克（1744～1829），法国博物学家。

② 达尔文（1809～1882），英国博物学家，进化论的奠基人。

较。人必须做出持续的努力以保存生命，使自己免遭敌人的侵害；为了使自己适应环境，他们也会进行斗争和劳动，以及爱与性的征服。在这样的斗争和竞争中，达尔文看到了进化，即生物的逐渐完善和适者生存的作用。唯物主义历史学家以同样的方式把人的进化归于人之间的斗争和竞争。

在阐述人类史的时候，我们唯一掌握的材料是成人的各种活动。但是，在自然界中并非如此。生命在大自然中生存和发展的真正关键，是年幼的和发展中的生物，它展现了无数神奇的和多样的生物。在所有生物发展得强大到足以去斗争和竞争之前，它们是弱小的；在具有任何适应器官之前，它们就已经存在了。没有一种生物是以成熟的形式开始其生命的。

因此，在生物的内部肯定存在另一种形式、另一种资源和另一种动力，它们不同于成熟的个体和环境相互作用时所呈现的东西。对发展中的生物的研究是极其重要的，因为在它们身上可以发现生命的真正关键。成熟的个体的经验仅仅解释了生物的一些偶然发生的事情。

生物学家对生物的初期生活进行研究，使自然界的这个最奇异和复杂的部分清楚地呈现出来了。它们已经表明，所有的生物充满着令人惊叹的奇迹和令人崇敬的潜能。总之，整个自然界充满着诗意。在这个方面，生物学已经发现物种的创造能力和生存能力，展现作为生物的内在指导的本能的存在。这些内在指导也许可以称为"主导本能"，以区别生物对环境的一种直接的本能性反应。

从生物学角度来讲，所有的本能可以划分为两个基本种类。其根据是它们各自的目的，即它们是为了个体的保存还是为了物种的保存。这两种情况都可以在短暂的或持久的反应中发现。例如，个体和它的环境之间的短暂的冲突；同时，在这两种情况中存在着个体生命的保存所必不可少的其他固定的和指导性的本能。例如，与个体生命保存相适应的本能之一就是防御，它引起对任何敌对的或有威胁性的东西的对抗。在与物种保存相适应的本能中，有一种短暂的反应，它导致性别的联合或冲突。由于这些短暂的反应更激烈和更明显，因此，生物学家首先对它们进行了观察和研究。但是，后来人们更多地注意到与个体和物种的保存有关的本能，它们具有更持久的特征。这些本能被称之为"主导本能"，它们与生命本身所具有的无数功能有着密切的关系。这样的本能并不像灵巧的内在敏感性那样对环境有那么多的反应，正如纯粹的思维是心理的一种内在特性。我们可以继续把它们看作是在生物内部起作用的推理性思维，导致对外部世界的行动以实现它的总神圣的计划。所以，这些主导本能并没有短暂冲突的冲动特征，而是以知识和智慧为特征，引导这些生物航行在时间的大海（个体）中，并穿越永恒（物种）。

这些主导本能是特别令人惊讶的，因为它们对处于生命初创期的婴儿提供直接的指导和保护。这时，婴儿还很不成熟，但已踏上趋于充分发展的旅程。在这样的一个阶段，婴儿还没有这个物种的特征，没有力量，没有耐力，没有生物的竞争武器，甚至也没有取得最终胜利以获得生存的希望。在这里，主导本能作为一种母性方式和教育方式而行动，这两种方式被隐藏起来，就像从一无所有中进行创造的秘密一样。它们保护了既没有拯救力量也没有拯救自己的手段的孤弱生命。

其中，有一种主导本能是与母性有关的。法布尔（J. H. Fabre）和其他的生物学家把这看作是物种生存的一种关键。另一种主导本能是与个体的生长有关的，荷兰生物学家德佛里斯在他对敏感期的研究中对这已作了描述。

母性本能并不仅仅局限于女性，虽然她们是物种中的生育者，在保护年幼者方面起了最大的作用。这种本能在父母双方都可以找到，有时它常常充满整个群体。对这种母性本能的更深入的研究揭示，它被看作是一种神秘的能量，并不必然与现存的个体相联系，而是为物种的保存而存在的。

因此，"母性本能"是与物种保存有关的主导本能的一般术语。母性本能具有所有的生物所具有的某些特征。成人为了保全物种的存在而暂时放弃自己应有的本能。一头凶猛的动物可能表现出对它来讲是非自然的温柔和耐心。一只为了寻食或为避免危险而远飞的鸟会密切地注视着它自己的巢，并寻找其他的避免危险的方法，但绝不会采用迁徙的方法。物种的一些固有的本能会突然改变它们的特点。许多物种会为建造一个庇护的场所而工作。这种倾向在其他的时间从它们身上是找不到的，因为一旦它们长大了，它们就会按自己所发现的那样去适应自然。保护物种的新的本能致使它们的建造活动的目的在于为后代准备一个隐蔽所。每一个物种和每一种生物都服从一种专门的指导。没有一种生物是把它最初遇到的材料胡乱地聚集起来的，或者仅仅使自己适应于一种构建的方式。在这方面，由母性本能所给予的指导是确定的和精确的。

各种不同的鸟建造它的巢的方式是具有不同特点的。一些昆虫是令人不可思议的建造者，例如，蜂房是名副其实的王宫，它建造在精确的几何线上。整个蜂群共同劳动，为下一代建造了这个家。我们还可以注意到其他虽然并不很壮观，然而极其有趣的勤劳的例子。蜘蛛为防御它的敌人织出了巨大的网。但是，它突然发现忽视了它的敌人和自己的需要，于是又开始进行一项新的工作。它用丝密集编织成一只精致的小袋。它是防水的，通常由两层组成，以抵御蜘蛛通常的栖息地的寒冷和潮湿。蜘蛛在这个小袋中产下卵，但它竟会如此强烈地依恋这个小袋，以致当它痛苦地看到它的小袋破损或遭毁坏时就会悲哀地死去。事实上，它是那么紧紧地依附着它的小袋，以致这似乎成为它自身的一部分。因此，它的爱集中在这个小袋上，而不是在卵上，也不是在那个最终要从卵中孵出来的小蜘蛛上。她似乎没有注意到小蜘蛛的存在。本能指导这位母亲在并没有一个生物作为它的直接对象的情况下，为这个物种去工作。因此，会存在一种没有对象的本能，它不可阻挡地活动着，表现出对一种内在命令的服从，去做那些它必须要做的事情，去爱那些应得到爱的东西。

蝴蝶在它们的整个生命期间以花蜜为食，并不需要任何其他的引诱物或食物。但是，在产卵的时候，它们从不把卵产在花上。它们受到另一种本能的指导。这种寻找食物的本能是适合于个体变化的，导致它们去寻找另一个环境；而这个环境适合于一个需要食物的新物种。这些蝴蝶没有意识到这样的食物，正如它们从未知道自己就是从幼虫孵化出来的。这样，昆虫自身就携带了自然的命令，这种命令与它们自己是不相干的，但对这个物种是有益的。瓢虫和类似的昆虫从来也不把它们的卵产在叶子的顶端，而是产在叶子较低的部位，以便从卵中产生出来的并以叶子为食的幼虫将在那里得到保护。在大量从来也不以植物为食物的其他昆虫中，我们可以发现一种类似"智力思考"的现象。所以，它们具有一种"理论知识"，知道什么东西是对它们后代更适宜的营养，甚至能够预见到可能来自下雨和太阳的危险。

负有保存物种使命的成体生物改变它自己的特点并进行自我改造，似乎支配它自身的规律在一段时间里会被搁置起来，对某个伟大的自然事件，即创造的奇迹处于一种期待的状态。然后，它超越寻常的活动，可以说是在这个奇迹面前的一种典礼活动。

事实上，自然界最辉煌的奇迹之一是，尽管新生儿完全缺乏经验，但是，他们所具有的力量能使它们自己适应外部世界，并防止外部世界的伤害。借助敏感期部分的和短暂的本能的帮助，他们能够做到这一点。这种本能确实真正地引导他们克服接连不断的困难，以不可阻挡的力量不断地激发他们。自然界并没有给成人如同新生儿所拥有的那样的保护。自然界有自己的规律，并严密地注视着这些规律是否得到遵循。成人必须在保护物种的主导本能所规定的限度内进行合作。正如我们在鱼和昆虫中所看到的，成体生物和新的生物的两种不同形式的主导本能以明显不同的和独立的方式在起作用，因此，父母和后代的不同形式的主导本能从来没有联系。在较高等的动物中，这两种本能渐渐地协调一致地工作。母性的主导本能和她后代的敏感期是一致的，这使得母亲和儿童之间产生了爱，或者形成了一种母性关系，这种关系还扩展到整个有组织的群体，由群体承担对新一代的照料。我们发现，这种情况出现在如蜜蜂、蚂蚁等生活在群体中的昆虫之中。

物种并不是靠爱和牺牲而得到保护的，相反地，这是一种正在起作用的主导本能的结果。主导本能源于伟大的和创造性的生命实验室之中，它决定所有物种的生存。生物在照料它们后代时所具有的情感使自然所施加给它们的任务更易完成，而且也提供了在完全服从自然的命令时所能感受到的特殊乐趣。

如果我们希望迅速地了解整个成人世界，我们可以说，支配这个世界的规律会周期性出现遭到破坏的情况。所以，似乎被认为那么绝对和不可变更的自然规律被搁置起来了。这些神圣的规律被终止了，停止了工作，仿佛让位给一些更高级的事情。它们服从一些与它们自己相抵触的因素。也就是说，它们仍怀疑在物种的幼年生活中出现的一些更新的规律，由此，通过不断地搁置和更新自然规律，生命得以永恒地维持下去。

现在，我们可能要问，人是如何适应这些自然规律的呢？人是一种最高的综合，他自身包含了较低等生物的所有的自然现象。人集中体现它们并超越它们。更重要的是，人通过他特有的智慧，使它们增加了由想象和情感组成的心理的灿烂光辉。

然而，生命的两种形式是如何表现在儿童和成人之中的呢？它们是在哪些令人崇敬的方面展现它们自己的呢？实际上，这两种生命形式并不是显而易见的。如果我们要在人类世界中寻找它们，我们必须说，只有一个成人的世界，其主要特点是斗争、努力去适应和为征服外部环境而工作。人类世界的活动全部集中于征服和生产，似乎不存在其他重要的东西。人类的努力在竞争中抵消和削弱了。如果成人看儿童生活，他会以对待自己生活的同样逻辑来看待儿童的生活。他把儿童看作是一个不同的人、一个无用的人，并远远地避开他。或者，在称之为"教育"的方面，他试图尽早地直接把儿童引入他自己的生活方式的轨道之中。他会像蝴蝶那样（如果这可能的话）弄破幼虫的茧，命令它飞；或者他会像青蛙那样，把蝌蚪拉出水域，尽力要它在陆地上呼吸，并把它的难看的黑皮肤变成绿色。

　　人就是或多或少用这种方式来对待儿童的。成人向儿童展示他们自己的完美和成熟，以及他们自己的历史榜样，并期望儿童模仿他们。但他们没有认识到，儿童的不同特点需要一种不同的环境以及适合于另一种生存方式的生活手段。

　　人是最高度进化的生物，是物质世界中最高的生命形式，他被赋予较高的智慧，是他环境的主人，拥有充分的力量，在工作能力上其他生物无法与他相比较。但是，我们如何解释人类对待幼小生命时所存在的这种错误观念呢。

　　人类，作为他自己环境的建筑师、建设者、生产者和变革者，为他的孩子所做的事比蜜蜂和其他昆虫为它们的幼代所做的要少得多。在人类身上缺乏保存生命的这种最高级和最基本的主导本能吗？在物种生存依靠宇宙生活这种最令人震惊的现象面前，人真的是没有能力和视而不见的吗？

　　人应该具有与其他生物同样的感觉，因为在自然界中所有的东西都是被改变的而不是被毁坏的。尤其是支配宇宙的那种能量是不会被毁灭的。即使它们偏离了自己的对象，但它们仍然会保存下来。

　　人是一个建设者，但他在何处为他的孩子建造一个适宜的场所呢？儿童应该生活在一个美丽的地方。在那里，人表达他的最崇高的艺术形式，它并不是由任何外部需要决定的。在那里，大量的爱的冲动能积聚起来，它并非用于生产物质财富。是否有这样一个地方，在那里人会感到需要抛弃他通常的行为模式，在那里他意识到斗争并不是生活的主要事情，在那里他终于认识到挫败他人并不是生存的秘诀和生活的重要事情。难道自我克制是生活的真正方式吗？难道就不存在这样一个地方，在那里心灵渴望砸碎镣铐而与外部世界紧密联系起来吗？难道就不存在对促进新生活的奇迹的急切渴望吗？同样地，难道就不存在对超越个体生命并达到永恒的某种东西的追求吗？只有当人认识到必须放弃自己的矫揉造作的想法时，他才会真正相信这是拯救生命的道路。因为当他的孩子诞生时，人是会产生这种情感的。就像其他的生物一样，人应该放弃自己的行为方式，使自己成为祭品，这样生命才能达到永恒。是的，在这样的地方，人不再感到需要征服，而需要净化和纯洁，因此，他就渴望单纯和平静。在那种纯化的平静中，人寻求生命的更新，正如寻求从人世的重负中复活。

　　确实，人必须要有超越他们面对的日常生活的伟大抱负。这是一种使人为之振奋的神圣的声音，大声地召唤人们，要他们聚集在儿童的周围。

## 工作本能

　　在这些真正的儿童个性得到展现之前，支配儿童心理生活的那些规律绝对是未知的。但是现在，这种与人的形成直接有关的"敏感期"的研究也许会成为对人类具有最实际价值的科学之一。

　　生长和发展的基础在于不断地使儿童和他的环境之间的关系变得密切起来。那是因为儿童个性或称之为儿童"自由"的发展，除非日益不受成人的支配，否则是不能实现的。在一种适宜的环境中，儿童可以找到发展他自己功能所必需的工具。显而易见，在儿童断奶时，可以找到与这相似的现象，为他们准备的包括谷类、果汁和蔬菜在内的食物将成为母乳的替代物。换句话说，他们不再从自己的母亲那里吮吸乳汁，而是从他们的外部环境中摄取食物。

谈论儿童在教育中的自由，却没有同时为他提供一种使他能变得独立的环境，这是错误的和荒谬的。然而，准备这种环境是教育科学的一部分，就像喂养儿童是保健科学的一部分一样，现在，环境的准备被看作是一种新教育的基础，其基本原则已由儿童他自己十分清楚地绘制出来了，并付诸实践。

儿童通过工作使他自己恢复到正常状态，这是儿童个性的一个最重要的展现。对各民族的儿童所做的无数实验表明，这种现象是在心理学和教育领域被证实的最确切的资料。无疑地，儿童工作的愿望体现了一种生气勃勃的本能，因为没有工作他就不可能形成他的个性，就会违背他自己的正常发展的方式。人正是通过工作而塑造他自己的。没有任何东西能替代工作，无论是人类的关爱还是身体的健康也都不能替代它。与此同时，如果这种工作本能走了歧路，无论用他人作为榜样还是用惩罚的手段都不能治愈它。人是通过手的劳动发展自身的，在劳动中，他把手作为自我的工具，用来表达他个人的智慧和意志。这一切有助于他去支配他的环境。儿童的工作本能表明，工作是人的本性，是人类所特有的本能。

工作应该是使人得到充分满足的一个源泉，是儿童健康和新生的一条原则，然而，为什么成人不把工作看作是儿童在他的成长过程中必须要采取的一种方法呢？这也许是因为在人类社会中工作依赖于某些错误的基础。那种固有的工作本能作为一种退化了的特征仍然隐藏在人身上：他已经被占有欲、权力欲、冷漠和依附引入了歧途。在这种情况下，工作只依赖于外界的环境或误入歧途的人之间的斗争。由此，它成为强制性的劳动，反过来又构筑起很多心理障碍。这就是为什么工作变成是艰辛繁重的和令人厌恶的。

但是，当环境有利时，工作自然就成为一种内在冲动的结果，甚至在成人身上，它也表现出一种完全不同的特征。在这种情况下，工作变得富有魅力和不可抗拒，并使人远离让自己发生心理畸变的歧途。在发明家的研究、探险家的发现和美术家的绘画中，我们可以发现这种例子。也就是说，当人在进行这种斗争时，他们变得具有非凡的力量，并使他们能用自己的个性方式再现其天赋本能。这种本能像从地球中喷射出来的一股强有力的激流，能使人类得到更新。这是文明真正进步的源泉，因为人具有一种天赋的工作本能，而人类社会环境就是建立在这个基础之上的。工作无疑是人的显著特征。文明的进步是与人创造一个更舒适的生活环境的多种能力直接相关的。

在这种具有创造性的环境中，人开拓了一条自然的生活道路。然而，他们所创造的这个新环境实际上还不能称作人为的环境。由于它超越而不是替代自然，也许最好把它描述成超自然的境界。人越来越习惯于这种环境，以至于这种环境成为他的必要的因素。

在文明史中，同样在自然史中，我们可以注意到一个缓慢的进化过程，它导致了某个新的物种的产生。这种例子可以通过两栖类动物从海里出生到陆上生活的进程中发现。与此有些类似的是，人始于一种自然的生活，并渐渐地为他自己创造了一种超自然的环境，以便最后达到一种独自的生活。今天，人已不再依赖自然而生活，而是充分利用了自然界可见的和不可见的力量。可见的力量是明显的，不可见的力量隐藏在宇宙能量的秘密之中。

人不仅仅从一种生气勃勃的环境进入到另一种环境。他为自己构筑了新的环境，并且他是如此的依赖于它，以至于他不能离开这个奇异的创造物而独自生活。因此，他生活在一种人工的环境中。自然并没有像它对待其他生物那样来帮助人。鸟可以找到供它吃的现成食物和用来筑巢的材料，但是，人必须从他人那里获得他所需的东西。因此，我们都相互依赖，我们每一个人都通过他自己的劳动对所有人都必须生活在其中的那个超自然的环境做出贡献。

虽然人因为他自己的需要依赖于他人，但是，他至少是自己生活的主人，能够如其所愿地指导生活。他并不直接受到自然变迁的影响，他与它们相分离，结果完全要依赖于人的变化。因为这一点，如果他周围那些人的人格遭到扭曲，那么，他的整个生活就处于危险之中。

去证实儿童具有工作本能，以及去证实在自然和基于儿童个性的工作之间存在着密切关系和相互影响，那是令人感兴趣的。

充分的事实证明，人具有一种天赋的工作本能。自然敦促他依靠自己建造某些东西来表现自己的存在，并进而表现创造这些东西的目的。确实，如果认为人的本意不是参与宇宙的和谐，那是不合逻辑的，因为所有的生物都根据其物种的活动本能对宇宙做出各自的贡献。珊瑚通过波浪不停地冲蚀海岸，构成了岛屿和陆地；昆虫采集花粉，使植物得以繁殖；蜜蜂会产出蜂蜜和蜂蜡，蚕会吐丝，等等。

生物的使命是那样的广泛和必要，因为地球是通过生物的工作而得以保存的。生物就像大气层一样包围着地球。确实如此，覆盖地球的生物今日已被看作是生物圈①。生物不仅保护其自身的存在，为它们物种的保存提供条件，而且它们成了地球的一个必要的组成部分。

事实上，动物产生的东西多于它们自身生活所需要的东西，其结果造成一种剩余，远远超过保存自身的直接需要。它们是宇宙的工作者和自然

---

① 生物圈，即生命层，指地表有机体（包括细菌）及其生存环境的总称。

规律的遵循者。从总体上来看，人作为优秀的工作者，也必须遵循这些外界规律。他为自己构筑了一种"超自然"的环境，由于他的产品丰富，这种环境明显地超越简单的生存问题，而是适合于一种宇宙秩序。

人的如此完美的工作不应该是由他的个体需要而激起的，而是根据他的工作本能的神秘设计而进行的。因为儿童自然成长为成人，所以，他的发展必须与他自己的主导本能紧密联系起来。

## 两种不同的工作

由于存在两种不同的生活方式：儿童的生活方式和成人的生活方式，因此，我们必须认识到，存在着两种不同的社会问题和两种不同的工作。同时也必须认识到，这两种不同的社会问题都值得我们去思考，这两种不同的工作都是人类社会生活所必需的。

### 成人的工作

成人的任务是构筑一个超自然的环境。他必须用他的活动和智慧努力进行的体力工作，我们称之为"生产劳动"。通常，这种劳动是社会性的、共同的和有组织的。人在社会中工作肯定是有既定目的的，但他同时也必须遵循有组织的社会规范。这些规范是人们自愿遵循的，以达到共同的目的。因为他们认识到，这样的规范是有秩序的和有成效的社会生活所必需的。但是，除了那些社会生活所需要的规律和作为世代相传的文化源泉的规律外，还有其他的规律，它们隶属于人的自然本性。这种基本规律对所有人和所有时代来讲都是共同的。在所有的生物中可以发现的规律之一，就是劳动分工的规律。在人类中间，它是必不可少的，因为他们生产不一样的东西。与个人工作者有关的还有另一条自然规律，那就是劳动效益的规律。遵循这条规律，他总是试图获取最大的生产效率而付出最少的精力。这是一条最重要的规律，与其说它表达了尽可能少干活的愿望，还不如说人希望能以最少的努力生产同样多的东西。这条规律适合于替代人的劳动的机器。

所有这些社会与自然规律都是有效的。但是，它们并不能普遍地适用，由于人能支配的物质资源和生产的财富是有限的，他想使自己富有的愿望就产生了竞争。在野兽那里也可以发现，它们为生存而进行的搏斗随之而产生。

除了这些自然的冲突之外，还会有由个人的心理畸变所导致的其他冲突。于是，剥削他人的劳动取代了劳动的自然分工。劳动效益的规律致使有的人强迫其他人劳动，并说："让他们去劳动，我自己可以从他们的劳动中得到好处。"因此，在维护财产权的伪装下，这样的说法使得剥削他人的劳动成为一种原则而确立起来了。

儿童本质上是生活在成人之中的自然人，但成人很少考虑到他的存在。他与成人的社会活动毫不相关；他自己的活动也与社会生产毫不相关。我们必须相信这个事实，儿童不可能参与成人的社会劳动。如果我们把体力劳动描绘成铁匠使用沉重的锤子敲打铁砧，那儿童显然不能从事这种劳动。如果我们把脑力劳动描绘成科学家在一项困难的研究项目中使用精密的仪器，那儿童显然也不能在这方面作出任何贡献。也许，我们可以想到一个立法者正在制定最好的法律，那就是：儿童从来也不可能替代成人。

因此，儿童与成人社会基本上是不相干的。对于成人在自然之上所建立的那个人为世界来说，儿童是一个陌生人。在儿童诞生的那个社会中，他是一个超社会的人，不能使他自己适应于社会。他既不能参与它的社会劳动，也不能参与它的社会组织，甚至可以说，他是这种既定的秩序的破坏者。儿童是一个不合群的人，因为他一直打扰成人，在他自己的家中，他是一个混乱的根源。儿童天生具有好动的特性，使他对成人环境产生不适应，但他生来就不会放弃这种特性。

于是，成人拼命压抑儿童。成人教导儿童不要干扰或烦恼他们，直到儿童被驯服为止。就像一些违反社会法律的成人被关在监狱里一样，儿童也被送进"托儿所"或"学校"中。成人驱逐儿童到流放地去，直到他能平静地生活在成人世界中。只有到那时，儿童才可能被接纳进社会。但是，他首先必须像一个被剥夺了公民权的犯人一样服从成人。对于成人社会来说，儿童甚至是一件没有价值的东西。成人是儿童的主人；儿童必须永远无条件地服从成人的命令。

儿童一无所有地来到了他的家庭。对儿童来说，成人像上帝一样伟大和强有力，儿童必须从他那里获得生活的必需品。成人是儿童的创造者、统治者、监护者和惩罚执行者。从来也没有一人像儿童依赖成人一样完全地和绝对地依靠另一个人。

## 儿童的工作

儿童也是一个工作者和生产者。虽然他不能参与成人的工作，但是，他有自己的工作，一种伟大的、重要的和困难的工作，那就是造就人的工作。新生儿孤弱无助、没有意识、不能说话、不能站立，但他以完美的形式最终成长为一个成人。如果他的心理生活通过所获得的一切而变得丰富起来，并闪烁着精神的光芒，那是由于他曾经是一个儿童。只有儿童才能成为成人。成人在这个过程中不能替代儿童。与儿童被排除在成人的超自然的社会秩序之外相比，成人更明确地被排除在儿童的"世界"和"工作"之外。儿童的工作截然不同于成人的工作，属于另一种秩序。事实上，人们甚至可以说它们是相互对立的。儿童的工作是无意识地完成的，因为他还没有使一种神秘的心理能力主动地参与创造。但它实际上是一种创造性的工作，它使人想起《圣经》中对正被创造出来的人的描述。但人是怎样创造出来的呢？原来一无所有的人是如何通过所有的创造获得智慧和力量的呢？在每一个儿童身上，我们可以看到这件惊人的事情的所有细节并对此表示赞美。我们的眼睛每天都在注视这种奇迹般的景象。

人一旦获得了生命，在人最初诞生时所发生的事情都会在所有人的身上再现出来。我们发现了永生的源泉，死亡就意味着复生。因此，我们可以不断地重复说："儿童是成人之父。"现实清楚地表明了这一点。成人所有的力量都来自"成人之父"去完成秘密使命的潜能。使儿童成为一个真正工作者，也就是说，儿童不会仅仅靠休息和冥想而发展成一个成人。相反，他积极地从事工作，通过不断的行动在进行创造，我们还必须清楚地意识到，他也是运用成人使用和改造的同一个外界环境在进行这种工作的。儿童通过活动得以发展。他的建构活动实质上是一种进入外界环境的真正工作。

儿童通过运动使他自己获得经验。因此，他学习协调自己的运动，并培养他在与外部世界接触时所体验到的情感。这一切有助于他的智慧的形成。通过集中注意地听别人说话以及做出他自己有可能做出的初步努力，他勤奋地学会了如何说话；同时又经过不倦的努力，他成功地学会了如何站立和奔跑。在生长的过程中，儿童就像任何最认真的学生一样遵循一个课程表，如同星星也是按照同样不变的恒性沿着无形的轨迹在运动着。事实上，在儿童发展的每个阶段，我们都可能测量儿童的身高是否达到预定的标准。我们也知道，儿童在 5 岁时会达到某一个智力水准，在 8 岁时又达到另一个智力水准。由于儿童将服从自然为他所制订的计划，我们也可以预测在 10 岁时他的身高将是多少，他的智能又将如何。依靠他自己不断的活动、努力、经验、挫折，通过他自己的尝试和斗争去克服困难，儿童慢慢地完成了他自己的困难的和重要的工作，并且总是具有一种新的完善的形式。成人实际上在完善环境，而儿童却在完善他自己。儿童的努力就像一个人在不停地奔跑，直到达到他自己的目的为止。因此，成人的完善依靠儿童。

我们成人依赖于儿童。在儿童的工作领域中，我们是他的孩子和侍从，正如在我们的工作领域中儿童是我们的孩子和侍从一样。在一个领域中成人是主人，而在另一个领域中儿童是主人。因此，儿童和成人都是国王，但他们又是各自王国的统治者。这是人类为了达到和谐而存在的一个基本结构。

## 两种工作的比较

由于儿童的工作由行动和外部世界的真实物体所组成，因此，它可以成为明确的研究对象。在搞清楚儿童工作所遵循的规则和方式之后，我们就可以把儿童的工作与成人的工作进行比较。儿童和成人都对他们的环境进行一种直接的、有意识的和自主的活动，我们可以把这种活动称之为"工作"。但是，他们的工作相似仅到此为止，因为他们的工作都有各自的目的要达到，而且这种目的是无法直接知道的并根据意愿去达到的。甚至在植物当中，最低级的生命体的生存也是以牺牲环境为前提的。但生命本身是一种能量，它不断地重组着一个环境，从而不断地使其自身保持创造。例如，珊瑚虫从海水中提取碳酸钙，由此形成保护自己的外壳。它们活动的目的就是，在创造的进程中，它们的环境成了新的陆地。由于这一最终目的远离它们的直接劳动，因此，我们甚至不提新的陆地就可以了解到大量有关珊瑚和珊瑚礁的知识。对所有的生物，尤其对人来说，其道理或多或少是相同的。

每个儿童都参与创造一个成人，这个事实表明儿童有一个明确的、可见的和最终的目的。然而，尽管我们可以从每一个方面去研究儿童，了解有关儿童的每一件事情，从他的身体细胞到他的所有功能的各个细节，但我们仍然不能觉察他的最终目的，即他将成的成人。

儿童的工作目的和成人的工作目的两者尽管是不同的，但它们都意味着：工作要利用环境。

自然界有时可以用更简单的手段揭示它的某些秘密。例如，在昆虫中，我们可以注意到它们生产劳动的真正产品。其中一个是丝，这种光亮的线被人编织成珍贵的织品；另一个是蜘蛛的网，它是由脆弱的丝组成的，人们迫不及待地要破坏它。然而，丝是蚕的产物，也就是，丝是蚕这个仍处于生长过程中的生物工作的产物，而蜘蛛网是成年蜘蛛工作的产物。这种比较会帮助我们认识到，当我们讲到儿童的工作并把它与成人的工作作比较时，我们是在讲两种不同的但又是真实的活动，然而它们在目的上是截然不同的。

对我们来说，需要了解儿童工作的特征是什么。当儿童工作时，他并不是为了实现一个外部目的而这样做的。他的工作目的就是工作本身。当他重复一项练习使自己的活动达到一个目的时，这个目的是不受一些外界因素支配的。就儿童个人的特征而言，他结束工作后甚至不会有劳累的感觉，因为他的特征在自己的工作中得到更新并充满活力。我们可以说，儿童的工作是对一种内部需要的满足。这是一种心理成熟的现象。外部目的被认为是一个整体，也就是说，是儿童进行工作的目标。儿童所考虑的目标和目的的利用变成内在活动的一个独特的工具。这种活动并不是与目标有着密切的关系，仿佛这是一种决定机械性活动的机械装置，但是，心理必定是起作用的。确实，由一种认识而引起的重复行动是通过动作的完成和目的的实现两方面而得到的。所有这一切必然致使一个形成的运动具有复杂的动机。儿童感到需要重复这个运动，并不是为了完善他的外在表现，而是为了构建他自己的内在本质。随着时间的流逝，儿童会要求在一些运动中重复。精神的胚胎所固有的这种隐藏的规律正是儿童的秘密之一。

这表明在儿童工作和成人工作的自然规律之间存在一种差异。儿童不遵循劳动效益规律，而且正好是相反。他把大量的精力消耗在一个满足其内在需要的目的上，在完成每个细节时花费了他所有的精力。所以，这种外部的目的和行为只具有偶然的重要性。在环境和儿童内心生活的完善之间存在着这样的一种特别引人注目的关系，那是因为对于成人来说这种观念肯定向他显示了儿童的心理生活。一个发现他自己已经升华的人不会再依附于外界东西，他仅仅在适当的时间为了他自己内心生活的完善而利用它们。与这种人相对立的是，一个仍处在他自己的层次的人仍会被某些外界的东西和目标所迷住，以至于准备不惜任何代价去追求它们，有时甚至达到损害健康和丧失生命的地步。

毋庸置疑，成人的工作和儿童的工作之间另一种明显的差异是，儿童的工作并不寻求获利或帮助。儿童必须靠自己进行工作，他必须完成全部工作。没有人能承担儿童的工作，代替他长大。儿童也不可能加快他的发展速度。事实上，童年时期的特点是，它必须遵循一种计划和进程表，既不许犯错误，也不许加快速度。自然界是严厉的，它会对由于功能畸变，即称为"反常"或"迟滞"所引起的任何不服从的行为给予惩罚。使我们感到有趣的是，把儿童看作是大自然的学生，他完全依据一种天赋能量而行动。这种天赋能量对他进行指导，并给他安排一种他自己将完成的工作。他对自然的忠诚态度超过中世纪骑士忠于他们的骑士称号。儿童将在身体和心理能力上得到发展，尽管其计划是由自然界所制订的。说到儿童如何这样去做，他如何开始自己的内部构建，这是他将不会展现的一个秘密，就像那位勤奋的学生对他自己正在做什么保持沉默一样。只有在一些特殊的环境中，我们才会有一些新的发现。可以说，儿童作为大自然的学生，必须常常通过考试；也就是说，儿童必须通过特别的努力使他自己不断地发展。这就是从昆虫到人的所有未成熟的生物都要经过的敏感期。

在这些时期中，敏感性是特定的发展阶段的特点，后来才会消失。"敏感性"这个词指一种专门的和主动的能力，即一种活动的能力。作为一个特定时期的特点，这种能力也是短暂的，所以，对于那些不再具有这种能力的人来说，它必定是令人惊讶的。事实上，我们可以说，由一个处在进化过程中的生物得到的每一种收获都有可能在敏感期里实现，正如那位勤奋的学生不仅要在每一门科目上通过考试，而且为了升级要在相同的科目上通过考试一样。

## 活动与儿童的发展

生物在进化过程中的那些敏感期是自然界的最伟大的奇迹之一。它们仅仅是在幼年期所发现的一些本能。因此，发展并不是模糊的，而像一种物质的逐步积累或一种固有的世袭需要。这是一个受一些短暂的本能细心指导的过程。这些本能提供了一种敏锐的感受性和一种趋于专门的活动形式的推动力。很清楚，这种过程常常是与成人的活动不同的。事实上，我们可以说，在儿的活动与成人的活动之间的最大差异是：成人在达到他的完美境界和实现他的身体充分发展的同时也使他的物种的本能实体化，这将引导他以一种稳定的方式在外部世界中行动。然而，幼儿通常缺乏与他的本质有关的一些不再变更的本能，而具有大量易变的和连续的本能，这将引导他获得成熟状态的特征。

这种敏感性是那些短暂的本能发展的结果，从而使我们理解连续不断

的自然活动。同样地，在对身体外表进行更深入的了解时，我们发现一些
器官和组织在其中起着作用，这就对人的存在提供了一种详细的说明。于
是，通过有关心理现象，我们可以探究在外表下面的东西，去发现儿童的
发展所依赖的各种活动。儿童的敏感期有时使他具有真正的令人惊讶的力
量。我们可以注意到，一个儿童的感觉特别敏锐，例如，他的眼睛对色彩
和大小就很敏锐，这引导他把注意力聚集在他的环境的最细小的细节上。
令人十分惊讶的是他对秩序的敏感期，使儿童去注意外部的物体以及它们
在环境中的位置。通过这种敏感性，儿童能够调整他自己，而大自然是不
可能在他身上养成这样的一种能力的。

儿童具有一种与成人不同的动机原则。成人是为了外部目的而不断地
行动，要求努力、忘我和不厌其烦地工作。如果成人是胜任他的工作的
话，那么，儿童必须很好地工作并使他自己成为一个强有力的人。但成人
失去了他早期的敏感性，大自然将发现他不是一个好学生，因而不能通过
大自然严格的考试。成人也不会以儿童为榜样。

儿童是在灵敏的感受性的推动下而得到发展的，并表现出对智慧的热
爱。这激励他不屈不挠地趋于外部世界，使他把所获得的事物印象作为一
种精神的乳汁。他必须吮吸这种乳汁以滋养他的内在生命。这就是为什么
儿童的心理表现形式会是热情的推动力、细致的努力和持续的耐心的
努力。

如果儿童厌烦工作他就得不到发展，也就不能增强他的力量。他通过
工作而得到发展，这就是工作为什么会增强他的能力。他从来不要求减轻
他的工作，相反地，他会要求允许他去表现和允许他独自去表现。发展的
任务就是他的生命，他必须真正地工作或休息。

没有意识到这种秘密的成人是不能理解儿童的工作的，其实，有些成
人也从来没有理解过儿童的工作。这就是他为什么要阻止儿童去工作，为

什么要设想儿童在发展中最需要的是休息。成人为儿童做每一件事情，因为他仅仅是受他自己劳动的自然规律，即最少的努力和最节省时间的规律所指导的。成人比儿童更快和更熟练，因此，他帮儿童穿脱衣服，帮儿童洗脸和洗手，给儿童喂食，怀抱儿童或带儿童外出散步，在安排儿童的环境时不许儿童帮忙。

当儿童被允许拥有一个小房间时，他显示出他自己渴望防御的第一个迹象："我的房间！我想整理自己的房间！我整理自己的房间了！"

在我们学校为儿童准备的那个专门环境里，儿童自己找到了一句表达这种内在需要的话："帮助我让我自己来做！"这种自相矛盾的需要是多么的意味深长！成人必须帮助儿童，但应该用这样的一种方式去帮助他，即让儿童可以独自地活动和进行他的实际工作。这句话不仅描述了儿童的需要，而且描述了他从自己的环境中获得的东西：他的周围必须有一个生气勃勃的而不是死气沉沉的环境。他不仅要一个自己能支配和享有乐趣的环境，而且要一个将帮助他自己去发挥作用的环境。显然，这种环境必须是一种提供各种活动的环境，受一种更高的智慧来指导，由一个准备承担他自己使命的成人来安排。在这个方面，我们的观念既不是要成人为儿童做一切事情，也不是要成人在一种被动的环境中让儿童放任自流。

像肉体的胚胎一样，精神的胚胎需要一种充满生气的环境，并能在这种环境中得到发展。这说明把儿童放在与他的身体和力量相称的环境中是不够的。帮助儿童的成人必须学会如何去做。如果成人由于一种致命的误解，不帮助儿童自己去做事情而是由他自己代替儿童去做事情，那么，成人将成为儿童心理发展中最隐蔽的和最有力的障碍。在这种误解中，在成人的工作和儿童的工作之间的竞争中，展现出了人与他的工作之间的斗争的最初的和重要的戏剧性场面，也许它是有关人类斗争的全部戏剧性场面的起源。

　　这种情况是那样细致地和广泛地提醒我们，肉体胚胎的组织必须得到保护，并处于一种提供保护的环境之中，因此，它们所包含的形式将不会遭受损坏。无疑地，为了儿童，为了人的精神胚胎，我们必须构建一种能提供保护的和充满活力的环境。使儿童得到与他的身体相称并指定用于锻炼他的建造能力的某些活动工具，那是远远不够的。一般来说，给喜爱儿童以及与儿童关系最密切的母亲和成人提供一些建议，那也是不够的。所需要做的是一些更广泛的事情，因为儿童不仅表现出使自己得到满足的愿望，而且表现出需要得到发展的整个生命。然而，成人仍没有意识到儿童需要最细致的关怀。可以毫不夸张地说，人直到现在仅仅建立了一个为了成人的世界，但他必须为建立一个为了儿童的世界而去工作。儿童受到的待遇是如此的复杂和如此的微妙，因此，我们所需要做的事情远远多于母亲的觉醒或对新型保育者和教师的训练。

　　对儿童需要的反应必须是教育思想的一种革新，直到最圆满的结果的出现。这将是许多与之相关的科学的中心，将是一种新的生命哲学。

# 第二章 儿童的权利与社会的职责

## 成人的自我认识

当前研究的最重要的问题之一是探索人的主导本能。在没有先例指导我们的情况下，我们开始了这样的探索。在这个方面，我们主要的贡献是提出了问题。但它仅仅开始了这条新的探索的道路，因为直到现在我们自己的成果还不是很多，只是证实这样的本能的存在，并初步指出如何进一步对它们进行研究。

这种研究只有在正常的儿童，即那些自由地生活在适合于他们发展需要的环境里的儿童才有可能。在这种情况下，一种新的人性如此清楚地展现出来，以至于无可争辩地表现出它的正常特征。

无数的经验给我们显示了一个事实：在教育和人类社会组织这两个领域进行着同样的革新。很清楚，如果人具有一种与我们所知道的不同的本性，那么，人也应该有一种不同的社会组织。但是，这种正常化的成人社会也只有通过教育才能获得。这样的社会变革不可能来自少数改革家的理论或能力，而只能来自从旧世界中缓慢而又稳固地浮现出来的一种新世界，来自儿童和青少年的世界。新的发现以及能够指引社会达到一种正常生活的自然指导就是从这个世界中逐渐展现出来的。设想理论的改革或个人的能力能够去除由于对儿童的压制而在这世界中所形成的巨大弊病，那确实是愚蠢的。只要儿童不能按照自然的规律发展，而受到心理畸变的折磨，人就将永远是不正常的。这种能够帮助人的发展的能量潜藏在儿童之中，但尚未被发现。

现在是重申"了解你自己"的时候了。在这句名言中，萌发了通过现代医学和卫生学对人的身体健康作出更大贡献的各种生物科学的幼芽，几乎标志着一种更高的文明水平。虽然人的身体卫生方面迈出了一大步，但是，他的心理生活仍然是未知的。有关人体知识的最初研究是通过对人的尸体的解剖进行的，而对人的心理的最初研究是通过对新生儿的研究来进行的。人们几乎可以说，这种研究对文明的进步是必不可少的。如果不能正视现代教育学中的儿童正常化的问题，那么，所有的社会问题都是解决不了的。因为教育的改善只能建立在儿童正常化的基础之上。这表明，不仅教育的问题变得难以解决，而且儿童也失去了自我。更重要的是，这种结果并不是人们所期望的，而使人们感到不可思议。

对成人也可以说同样的话。他们确实也面临着一个问题，可以用"了解你自己"这句话来表示，即认识指导人的心理发展的神秘规律。但是，儿童早已解决了这个问题，并开辟了一条实际的道路。除此之外，实际上不可能存在任何的解决方法。试图获取力量和权威的那些心理畸变的人可能迷恋于某种利益。这种利益在被正确地对待之前可能变成人类生活的一种危险。这就是为什么任何的利益、任何的发现或发明都可能会增加困扰世界的罪恶。我们可以看到机器所产生的社会效益，意味着提高和进步的每一个发现，可以用于破坏，可以用于战争，或可以用于个人发财致富。在物理学、化学、生物学方面所取得的进展和新的交通工具的发现，已经增加破坏的危险和野蛮暴行的出现。除非人的正常化被看作是一种基本的社会生活需要，否则我们不能寄希望于外部世界。只有到那时，物质的进步才能带来真正的幸福和更高的文明。

所以，我们必须把儿童作为我们自己未来生活的灯塔。任何人希望为了社会利益而实现一些目标，就必须毫不犹豫地关注儿童。不仅使他摆脱心理畸变，而且也从他那里了解我们自己生命的实际秘密。由此，我们必须考虑到，儿童本身是强有力的和神秘的，因为儿童他自己隐藏着人性的秘密。

## 儿童的权利

在本世纪初①之前，社会不关心儿童，儿童完全被托付给他的家庭照料。他所拥有的唯一保护是他父亲的权威，这或多或少是两千年前《罗马法》所规定的一种遗俗。在这漫长的时期里，文明已经取得了进展，对服务于成人的法律也作了改进。但是，儿童仍然没有任何的社会保护。对于儿童来说，他所得到的仅仅是他所出生的家庭提供的物质、道德和智慧上的帮助。如果一个儿童的家庭没有财力，社会丝毫不感到对他有任何的职责。一直到现在，社会从未要求家庭应该做好准备，以便恰当地关怀自己孩子的成长。国家在制定官方文件时，对最细微的条文细节如此谨慎，对有关它的权力的条文如此热衷，但是，对未来父母保护子女以及为他们适宜的发展提供条件的能力上却毫不关心。它也没有为父母承担职责提供任何的准备或教导。正如国家所考虑的，需要建立一个家庭时所要做的，只是获得一张证书和举行有关的结婚仪式。从所有这一切，我们可以断定，社会一直对这些自然界已经赋予了人性发展任务的幼儿工作者漠不关心。

————————————

① 指 20 世纪初。

与成人已经得到的大量的利益相比较，儿童被认为不属于人类社会的，并一直处于被流放和被遗忘的状态。社会没有意识到儿童是受害者。然而，他们确实是受害者。

实际上，大约半个世纪前，医学开始对儿童感兴趣，并认识到他们是社会的牺牲品。在那个时候，他们甚至比现在的儿童遭到更严重的抛弃，既没有研究儿童的专家，也没有为儿童设立的医院。当统计数字显示儿童在出生后第一年有较高的死亡率时，人们从昏睡中惊醒过来了。这些数字表明，即使一个家庭可能生很多孩子，但也只有相当少的人能活下来。幼儿的死亡似乎是很自然的，以致家庭用这种想法进行自我安慰：他们的孩子直接到天国去了。那么多的婴儿死于无知和缺乏适当的照料，以致他们的死亡被看作是十分正常的。

当人们开始认识到这些事实时，一场旨在提高人们意识的和激发父母良心的运动广泛地开展起来了。父母们被告知仅仅给子女生命是不够的，他们还应该保全子女的生命。科学已经告诉父母应该如何去做，他们必须受到必需的教育和获得新的知识，以便给他们的子女以适当的照料。

但是，儿童并不仅仅在家庭里才遭受痛苦。在学校中的调查也揭露了儿童所遭受的痛苦。在 19 世纪的最后 10 年中，医学发现和研究工人中的"工业病"，为社会卫生学打下了基础。人们发现，除了缺乏卫生知识所导致的传染性疾病之外，儿童也有类似的"工业病"。

儿童的工作是在学校里进行的。在那里，他们必须承受社会所强加给他们的痛苦。在学习阅读和书写的时候，儿童长时间俯伏在桌子上导致了脊椎的收缩和胸腔的变狭，致使他们容易患结核病。由于长时间努力阅读而光线很暗，儿童得了近视。由于长时间被限制在狭窄的和拥挤的地方，他们的身体变得衰弱了。

然而，儿童的痛苦不仅是身体上的，而且是精神上的。强制的学习导致了儿童的沉闷、恐惧、厌倦和精力的耗竭。他们变得懒散、沮丧、忧郁、染有恶习、缺乏自信和失去童年的欢乐。

多么不幸的儿童！多么苦恼的儿童！

儿童的家庭并没有意识到所有这一切。父母唯一感兴趣的是，看到子女通过考试，尽可能学得快一些，这样就可以节约时间和费用。他们不大关心学习或文化的获得，仅仅对社会的命令、强加的责任以及难以承担和浪费金钱的职责做出反应。所以，他们觉得重要的是子女应该在尽可能短的时间里获得一张进入社会生活的通行证。

在学校儿童中所做的一些调查揭示了一些有趣的事实。许多儿童到学校时，已经因为早晨的劳动而弄得疲惫不堪。在上学之前，有些儿童已经走了好多英里给住户送牛奶，或在街头出售报纸，或在家里劳动。因此，他们到学校时既疲倦又饥饿。也就是这些儿童常常由于不注意听课和未能理解教师的讲课而遭到惩罚。教师出于他的责任感，更多的还是出于他的权威感，企图通过惩罚以唤起儿童的兴趣。他用威胁的手段强制儿童服从，或者通过在他的同伴面前指责他能力低下或意志薄弱来羞辱他们。这样不幸的儿童因在家里受压制和在学校里受惩罚而耗竭他们的精力。

这些早期的调查揭示了如此不公正的情况，确实激起了社会的强烈反响。学校进行了改革，有关的规定也迅速作了修改。医学的一个新的和重要的分支出现了，那就是学校卫生学。它对所有文明国家的学校改革产生了有益的影响。医生和教师一起为学生的健康而工作。我们可以说，这是社会第一次对原来在人性上的无意识错误的改正，标志着对儿童作出社会性补偿的第一步。

如果我们回顾这个最初的觉醒并追随整个历史的进程，我们无法找到任何承认儿童权利或意识到他的重要的证据。成人迷恋于把儿童纳入他们自己的生活方式，把他们自己作为儿童的完美榜样。他们身上所存在的如此惊人的盲目性似乎是完全不可治愈的。人的心灵中这种盲目性已成为一种普遍的现象，也许像人类一样古老。

从遥远的古代到我们的时代，"教育"一直与"惩罚"具有同一含义。教育的目的总是把儿童隶属于一个成人，成人使他自己代替了自然，使自己的意图和目的代替了生命的规律。不同的民族具有不同的惩罚儿童的方式。在私立学校里，通常有固定的惩罚方式。其中包括：在儿童头颈上悬挂一块使人丢脸的标牌，把驴的耳朵竖在他的头上；或使儿童面临任何过路人对他的侮辱和嘲笑。还有其他的使儿童承受肉体痛苦的惩罚。其中有：强制儿童面对角落站立数小时，或裸露膝盖跪在地板上，或在公众面前受鞭笞。现在对这种野蛮的方式已作了巧妙的改进，其理论是家庭和学校在对儿童的惩罚和折磨中要联合起来。在学校里已受到惩罚的儿童被责成回家时要告诉他的父亲，由此他父亲可以对教师的惩罚再添加一些责骂和惩罚。然后，这个儿童又被责成将他父亲的便条带到学校，以表明家长已经知道他儿子所犯的错误行为并给予了指责。

在这种情况下，儿童发现没有一个人保护他。他能求助于什么法庭呢？他甚至还没有罪犯所享有的申诉权。在他苦恼时可以作为一种安慰的庇护场所在哪里呢？根本没有。学校和家庭都赞同对儿童施加惩罚，因为如果不用惩罚，教育的作用就会降低。但是，家庭并不需要学校提醒他们去惩罚自己的孩子。对家庭所使用的各种惩罚方式的研究表明，即使在我们的时代，没有一个国家的儿童在他们的家庭里是不受惩罚的。他们被训斥、羞辱、鞭打、打耳光、撵走、关禁闭，甚至威胁要受到更大的惩罚，被剥夺跟其他儿童游玩之类的娱乐活动或不许吃糖果和水果，而这些活动或东西是他们唯一的庇护所，是他们在不知不觉中所承受的那么多痛苦的唯一补偿。还有，他们被强制不吃饭就去睡觉，他们因而要带着悲伤和饥饿度过整个痛苦之夜。

虽然在有教养的人中采取惩罚的情况已经迅速地减少了，但是它们并没有完全消失。父母仍然习惯性地用刺耳的和威胁的声调对子女训斥。人们已经习以为常地认为，成人应该拥有惩罚儿童的权利，父母可以打自己子女的耳光。

然而，对成人的体罚现在已经作为使人失去尊严和一种社会耻辱而被取消了。我们不禁要问，还有什么事情会比侮辱和虐待儿童更卑劣的吗？显然在这方面人的良心完全麻木了。

文明的进步不是依靠个人的努力或人的心灵的炽烈热情。它的进步就是一种无形的机器的推进。这种推动力是不屈不挠地朝前运动的巨大的社会力量，它不受个人情感的影响。

社会就像一列以令人眩晕的高速朝着某个遥远的目的地前进的火车，构成这个社会的个人可以比作在车厢中熟睡的旅客。他们那处于睡眠状态的良心是真正的社会进步的最大障碍。如果情况不是如此，那么，在运输工具日益加快的速度和人的心灵日益增强的尊严之间就不存在这种危险的差异，社会就能迅速地进步。走向社会改革的第一步，也是最困难的一步，唤醒正在沉睡中的和失去感情的人性，强迫它听听正在召唤的声音。

当今需要的是，社会应该全面意识到儿童和他的重要，并真诚地努力把儿童从他所处的巨大危险的深渊中拖出来。人们必须建设一个适宜于儿童需要的世界，并承认儿童的社会权利。然而，社会所犯的最大罪恶就是浪费了原本应该花在儿童身上的钱，这样既毁灭了儿童，也毁灭了社会本身。社会就像是任意挥霍祖传财富给儿童的监护人。成人把钱花费在他自己身上，然而很明显，他们财富的很大一部分应该是分配给他们子女的。这个真理存在于生命本身，它甚至可以在最低等的昆虫中发现。为什么蚂蚁要储存食物呢？为什么鸟要寻找食物并把它带到自己的巢里去呢？自然界并没有为只要自己耗尽所有东西而不顾自己后代需要的成人提供任何的榜样。然而，成人并没有为儿童做任何事情，他的努力不过是保护儿童的身体，仅此而已。由于浪费，社会急切需要钱，这时它就从学校中取钱，尤其从保护人类生命种子的幼儿学校中取钱。社会从这些学校中取钱，是因为没有人站出来为这些学校辩护。所以，这是人类最大的罪恶和错误之一。社会甚至没有想到，当它把这些钱用于制造战争工具时，就导致了双重的毁灭。这种毁灭是分别通过阻碍生命和带来死亡而实现的，但这两种毁灭是一种错误的产物。由于没有努力确保自己生命的健康发展，人是以一种不正常的方式长大的。

因此，成人必须重新组织起来，不是为他们自己，而是为他们的孩子。他们必须大声要求一种权利，但他们固有的盲目已经阻碍自己看到这种权利，然而，这种权利一经证实就不会受到怀疑。如果社会是儿童的一个不可靠的监护人，那它现在必须把儿童的遗产和公正还给他们。

当今父母把他们的子女扔给了社会习俗，任凭它去摆布，并认为社会习俗具有如此的权力是必然的。

因此，儿童的社会悲剧就产生了。社会把儿童交给他的家庭去照料，而不承担对儿童的丝毫责任，家庭又尽量把儿童交给社会，关在学校里，使他脱离整个家庭的控制。

我们没有听到保护儿童的呼声。如果有一种呼声应该有力量去保护儿童的话，那就是生命的呼声、心灵的力量和他的父母的人权。

人是没有力量的，他受到了本应保护他的更高的权威人物的羞辱和鞭挞。

于是，儿童被公众和社会当局拖走了。似乎对于儿童来说，没有一个场所比学校更适合于他的需要。但是，那些高大的建筑物似乎是为一群成人提供的，每一样东西都是与成人相称的，例如，门窗、灰色的走廊和设有装饰的黑墙等。许多儿童将穿着肮脏的黑色制服，度过他的整个童年时期。在童年时期开始的时候，家庭和社会这两个方面就出现了分离，因而造成了两种责任的分离。对于悲哀的和没有希望的儿童来说，他的内心因恐惧而在颤动发抖。

儿童将走向哪里呢?

他将走向他应该去的地方。在那里，他将是心荡神驰的。

但是，他已经被作出判决。他将进入教室。当他走进为他自己安排的班级时，教师将关上门。从此，教师把一群幼小的心灵置于她的控制之下。

家庭和社会把他们的儿童交给了一个权威机构。人把他们自己的种子撒向空中，风将把它带到更遥远的地方。从此以后，那些幼弱的和忧虑的儿童长年累月苦恼地与课桌椅捆绑在一起。

在严厉的看管下，儿童的手脚不能乱动。他倚靠在课桌旁，两只小脚并在一起不动，他的两只小手也合在一起不动。在儿童自己渴望真理和知识的时候，教师却把她的思想强迫灌输到他的心里，儿童顺从地低下自己的小脑袋，好像蒺藜把他的头刺出血似的。

由于世界上人们相互不理解而发生战争，为此，深深地刺伤那充满着爱的幼小心灵。文明的发展表明，对相互理解的渴望将是一步一步去实现的。

死去的人的墓穴早已做好了准备，当这个披着自己所有伪装的人被安放在那里时，一些看守似乎被嘲弄地安排在周围，看着他不再复活。

但是，儿童又一次复活了。他恢复了活力，并重新生活在成人之中。

## 父母的使命

儿童的父母不是他的创造者，而只是他的监护人。他们必须保护和关怀儿童，在最深刻的意义上，把这看作是一种神圣的使命，而远远高于对物质生活的兴趣和观念。因为对儿童来说，成人是超自然的监护人。为了他们的崇高使命，儿童的父母必须净化自然界已移植在他们心中的爱，他们必须理解这种爱是未被自私或懒散所污染的、深切情感的有意识的表达。对父母来说，他们应该关心今天所面对的这个社会问题，关心世界上为承认儿童权利而进行的斗争。

近年来，对人的权利，特别对工人的权利已经讲了好多。现在，应该是谈论儿童的社会权利的时候了。工人权利这个社会问题已成为社会变革的基础，因为人类的生存唯一依赖于人的劳动。从整体来看，这个问题是与人的物质生活联系在一起的。但是，如果说工人生产人的消费品，工人是物质财富的创造者，那么，儿童生产人类自身，因此他的权利更需要得到社会的承认。很明显，人类社会应该给予儿童最周到的和最好的关怀，这样，它反过来又可以在未来的人性上从儿童那里获得更大的力量和更大的价值。

然而，事实上，人们忽视和遗忘了儿童，甚至折磨和扼杀儿童；也就是说，人们没有认识到儿童的价值以及他的力量和他的基本特性。这个事实强烈地激起了人类的觉醒。

所有的父母都具有一个伟大的使命。他们是唯一能够和必须拯救自己的孩子的人，因为他们具有在社会中组织起来的力量，并能在共同生活的实践中采取行动。他们必须意识到自然界托付给他们使命的意义，这个使命使他们超越社会，并使他们能够支配所有的物质环境，因为他们的手中确实掌握着人类的未来。